유학생을 위한 교양 한국어 말하기 1

유학생을 **위한** 교양 한국어 말하기 1

초판 1쇄 인쇄   2019년 3월 4일
초판 1쇄 발행   2019년 3월 8일

지 은 이   김주희 · 고경민
펴 낸 이   박찬익
편 집 장   황인옥

펴 낸 곳   (주)박이정
주   소   서울시 동대문구 천호대로 16가길 4
전   화   (02)922-1192~3
팩   스   (02)928-4683
홈페이지   www.pjbook.com
이 메 일   pijbook@naver.com
등   록   2014년 8월 22일 제305-2014-000028호

I S B N   979-11-5848-430-9 (03710)

유학생을 위한 교양 한국어

말하기 1

KOREAN

을 위한

김주희 · 고경민
지음

(주)박이정

머리말

학문 목적을 위한 말하기는 학문을 위한 다양한 환경에서 사용할 수 있는 언어를 배워 표현하는 것을 목표로 한다. 교수·학습 상황에서 질문하기, 토론하기, 발표하기, 인터뷰하기 등을 포함한다. 이러한 과제 수행 능력은 전공 수업을 들을 때 가장 필요한 능력이다. 하지만 대학에서 만났던 유학생들은 언어 능력과 자신감의 부족, 실전 연습 경험 부족, 배경지식의 부족 등의 이유로 말하기를 어려워했다. 특히 어학 연수생의 신분에서 벗어나 대학 신입생이 된 새내기 유학생들은 급격하게 변한 환경에서 자신의 기대치에 못 미치는 언어 능력에 실망하면서 힘들어하기도 했다. 그런 고민들을 많이 보아 오면서 교양 수업에서 필요한 말하기 교재를 만들게 되었다.

이 교재는 유학생 대상 교양 한국어 수업에서 사용할 수 있도록 개발된 기능 중심 교재이다. 3급에서 4급 수준으로 입학한 외국인 유학생들의 수준에 맞춰 말하기 능력을 강화하고, 말하기와 다른 기능과의 통합 수업을 목적으로 제작되었으며, 중급 수준의 '말하기 1' 교재와 고급 수준의 '말하기 2' 교재로 이루어져 있다. 유학생들이 대학 생활에 잘 적응하고 강의 수강을 위해 필요한 기초적인 능력을 키울 수 있도록 실제적인 구어 표현을 넣어 다양한 말하기 주제로 단원을 구성하였다.

각 단원은 주제와 상황, 어휘 학습, 표현 익히기, 말하기 연습, 생각해 보기 과제로 구성하였으며, 표현 교육의 측면에서 학습자의 배경지식을 활용하고, 이를 쓰기나 읽기와 연계할 수 있도록 편성하였다. 유학생들이 다양한 말하기 자료를 통해 말하기 능력을 향상시키고 말하기 전략을 통해 말하기 능력을 점진적으로 향상시키는 것이 이 교재의 목적이다. 교재에 나오는 인물들은 드라마의 주인공들처럼 목표를 가지고 있으며 다양한 사건을 통해 성장하고 발전한다.

이 교재를 통해 교재에 나오는 주인공들처럼 성장하고 발전하는 기쁨을 누리기를 바란다.

2019년 3월 저자

일러두기

교재의 구성과 단원 구성

본 교재는 총 14개의 단원으로 이루어져 있습니다. 한 과는 2~3시간 강의에서 활용할 수 있습니다. 각 단원은 주제와 관련된 상황, 관련 장소를 제시하여 학습자가 필요한 대화를 할 수 있도록 구성하였습니다. 각 단원의 구성을 제시하면 다음과 같습니다.

1. 주제와 상황

단원의 주제를 알려 주고 주제에 대한 배경지식을 활성화할 수 있도록 그림과 사진 등의 자료를 제시하였습니다. 그리고 주제에 맞는 교재 주인공의 상황을 제시하여 학습자가 상황에 맞는 대화를 이해하고 사용할 수 있도록 구성하였습니다.

2. 대화

주제와 상황에 따른 대화를 실제적 구어 중심으로 제시하고 학습자들이 상황에 맞는 대화가 무엇인지 전체적으로 이해할 수 있게 구성하였습니다. 대화를 여러 번 읽어보고 상황에 맞는 대화를 짝 활동을 통해 연습해 볼 수 있도록 제시하였습니다.

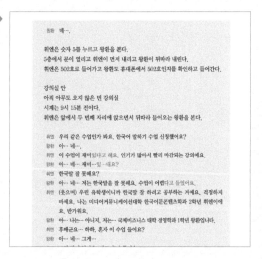

3. 어휘 연습하기와 문장 만들기

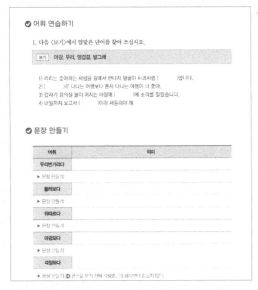

앞의 대화를 전체적으로 파악했다면 이번에는 세부 내용 파악을 위해 어려운 단어나 구 등을 이해하고 사용할 수 있게 도움을 주는 단계입니다.

어휘의 뜻을 알고 대화 상황에서 바르게 사용할 수 있도록 어휘 연습 문제가 있고 어휘를 가지고 문장을 만들어 봄으로써 확실하게 어휘의 쓰임을 알 수 있도록 구성하였습니다.

4. 표현 익히기

표현 익히기에서는 대화에 나온 가장 중심적인 표현을 배울 수 있게 구성하였습니다. 중심적인 표현을 학습하여 상황에 맞는 표현으로 말할 수 있도록 제시하였습니다. 표현의 적합한 상황, 조건, 제약 상황 등을 보여줌으로써 실제 상황에서 직접 적용해 볼 수 있을 것입니다.

5. 말하기 연습하기

말하기 연습하기에서는 앞에서 배운 어휘나 표현을 가지고 기계적 연습을 할 수 있도록 제시하였습니다. 어휘와 표현의 반복 연습은 학습자가 그런 상황을 맞이할 때 자연스럽게 적합한 어휘와 표현을 사용할 수 있도록 도움을 줄 것입니다.

6. 생각해 보기

생각해 보기에서는 이번 과에서 다룬 주제와 상황 외에 여러 격식적인 상황을 생각하고 그 상황에 맞는 대화를 생성해 볼 수 있도록 구성하였습니다. 따라서 다양한 상황을 생각해 보고 그에 맞는 대화를 만들어 사용할 수 있습니다. 즉, 유의적 활동이 될 수 있도록 제시하였습니다.

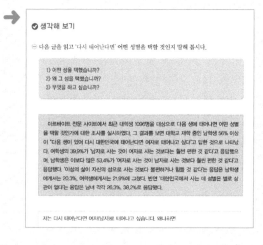

내용 구성

단원	제목	문법과 표현	기능	과제
1	여기가 교양강의동이래요	V/A-다/자/냐/라고 하다 V/A-대/재/내/래요	간접인용법	한국어 존댓말에 대한 의견 말하기
2	교재를 안 가지고 왔거든요	V/A- 거든요 V/A -잖아요	이유표현	좋아하는 교수 유형 조사해 발표하기
3	얼마나 맛있는지 몰라요	얼마나- V/A -는지 V -을 정도이다	과장표현	다양한 음식문화예절 비교해서 발표하기
4	조장으로 뽑히면 무엇을 하나요?	피동 접미사 (V-이,히,리,기,우)	피동표현	조별 과제의 경험 말하기
5	김민수가 인기가 많은가 봐	V/A- 은/는가 보다	추측표현	좋은 친구의 요건을 조사하고 발표하기
6	도서관에 가 보지 그래요?	V-지 그래요? V-는 것이 좋겠다.	권유표현	도서관 이용 불편 사항에 대해 건의하기
7	탄금대에 가 보니까 좋더군요	V -어 보니까 V -더니	경험표현	경험의 중요성에 대해 발표하기

단원	제목	문법과 표현	기능	과제
8	고백할 수 있을지 걱정입니다	V −을 수 있을지 걱정이다. V/A −은/는데도 불구하고	고민표현	이성친구에게 고백하는 방법 제안하기
9	고백하지 않았어야 했는데…	V/A −었어야 했는데 V −을 걸 그랬다.	후회표현	후회하지 않는 생활태도 설명하기
10	축제를 마음껏 즐깁시다	V −고 나서 N껏	경험표현	한국 속담을 활용해서 말하기
11	교수님께 상담을 받을까 해	V −을까 하다 V− 으려던 참이다	계획표현	상담사가 되어 상담하기
12	그건 네 마음에 달려 있어	N−에 달려 있다 V/A−느냐에 따라 다르다	조건표현	선택과 책임의 관계에 대해 발표하기
13	B를 받기라도 하면 좋겠다	V/A −기라도 하면 좋겠다. V/A −기를 바라다.	소망표현	자신만의 행복의 정의를 설명하기
14	만약 휘엔을 다시 만난다면 멋지게 말하고 싶다	V/A −는다면 V/A −으면	가정표현	다른 인생을 살아보는 계획 소개하기

『한국어 말하기 1』에 나오는 사람들

- 성별: 왕환(남자)
- 국적: 중국
- 나이: 21
- 성격: 약간 소심하지만 꼼꼼한 편이다.
  적극적으로 생활하고 싶지만 실수하면 어쩌나 고민이 많다.
- 이상형: 적극적이고 활발한 여자를 좋아한다.
  외모도 중요하지만 자신을 잘 이해해 주는 사람이어야 한다.
- 꿈: 한국에서 경영학 공부를 마치고 고향에 가서 아버지의 사업을 돕고 싶다.

- 성별: 휘엔(여자)
- 국적: 베트남
- 나이: 23
- 성격: 적극적이며 활발하다.
- 이상형: 자신의 꿈을 위해 열심히 노력하는 남자.
  외모는 많이 중요하지 않지만 마음이 따뜻한 사람이어야 한다.
- 꿈: 한국이나 베트남에서 한국어 교사가 되고 싶다.

- 성별: 김민수(남자)
- 국적: 한국
- 나이: 22
- 성격: 낙천적이어서 노는 것에 더 열중할 때가 있다.
  활발하지만 덜렁대는 편이다.
- 이상형: 꼼꼼하고 열심히 공부하는 사람이어야 한다.
- 꿈: 해외로 나가서 한국어를 가르치고 싶다.

- 김소희 교수: 외국인 유학생 과정 담당 교수
  친절하지만 약속을 지키지 않는 학생들에게는 엄격하다.

왕환 친구1.2

휘엔 친구1.2

그 외 유학생, 한국 학생들

이 사람은 누구일까요?

▶ 『말하기1』에 나오는 인물들을 생각해 봅시다. 아래의 사진과 일치한다고 생각하는
인물의 이름을 적어 보세요.
왜 그렇게 생각했나요?
그렇게 생각한 이유를 말해 봅시다.

01

02

03

04

05

06

07

08

09

차 례

왕환은 중국에서 온 유학생으로 한국말이 서툴다. 한국대학교 어학원에서 4급까지 공부했다. 한국어 쓰기나 읽기는 어렵지만 괜찮은 편이다. 그래서 전공으로 공부하고 있는 경영학 시험 성적은 좋다. 하지만 듣기와 말하기 실력은 부족해서 한국 학생들과의 교류나 다른 나라에서 온 유학생들과 교류가 적다. 자신의 말하기 실력에 대해 고민을 하다 유학생 전용 말하기 과목인 '의사소통 1'을 신청했다. 그 강의에서 베트남 유학생 휘엔을 만나게 되면서 여러 사건을 겪게 되는데….

안녕하세요?
저는 휘엔이라고 해요,
베트남에서 왔고요.

만나서 반갑습니다.
저는 중국 유학생 왕환입니다.
경영학과 1학년입니다.

여기가
교양강의동이래요

[학습목표]
1. 간접화법을 활용하여 말할 수 있다.
2. 존댓말의 쓰임에 대해 말할 수 있다.

상황

개강 전날이다. 잠이 오지 않는다.

이번 학기에는 친구들과 함께 하는 교양 수업이 전혀 없기 때문이다. 친구들과 다니면 외롭지 않아서 좋기는 하지만 한국말이 늘지 않기 때문에 이번 학기에는 일부러 혼자 듣기로 결심했다.

하지만 혼자 수업을 잘 들을 수 있을지 걱정이 되어 수강한 과목을 취소할까 고민 중이다.

일단 수업을 들어보고 결정하기로 했다.

왕환은 두리번거리며 걸어가고 있다. 한 손에는 휴대폰을 들고 이 건물인가? 하는 얼굴로 교양 강의동 1층에 왔다. 엘리베이터 앞에 선 휘엔은 여기저기를 둘러보는 왕환을 쳐다본다.

휘엔   어디를 찾고 있어요?

왕환   (머뭇거리며) 네… 여기가 교양 강의동인가요?

휘엔   맞아요, 여기가 교양 강의동이에요.

      (엘리베이터 문이 열리자 휘엔은 먼저 타고)

휘엔   올라가세요?

왕환　네….

휘엔은 숫자 5를 누르고 왕환을 본다.
5층에서 문이 열리고 휘엔이 먼저 내리고 왕환이 뒤따라 내린다.
휘엔은 502호로 들어가고 왕환도 휴대폰에서 502호인지를 확인하고 들어간다.

강의실 안
아직 아무도 오지 않은 빈 강의실
시계는 9시 15분 전이다.
휘엔은 앞에서 두 번째 자리에 앉으면서 뒤따라 들어오는 왕환을 본다.

휘엔　우리 같은 수업인가 봐요. 한국어 말하기 수업 신청했어요?
왕환　아… 네….
휘엔　이 수업이 재미있다고 해요. 인기가 많아서 빨리 마감되는 강의예요.
왕환　아… 네… 재미…있…대요?
휘엔　한국말 잘 못해요?
왕환　아… 네… 저는 한국말을 잘 못해요. 수업이 어렵다고 들었어요.
휘엔　(웃으며) 우린 유학생이니까 한국말 잘 하려고 공부하는 거예요. 걱정하지
　　　마세요. 나는 미디어커뮤니케이션대학 한국어문콘텐츠학과 2학년 휘엔이에
　　　요. 반가워요.
왕환　아… 나는… 아니지, 저는… 국제비즈니스대학 경영학과 1학년 왕환입니다.
휘엔　후배군요… 하하. 혼자 이 수업 들어요?
왕환　아… 네… 그게…
휘엔　그럼 같이 앉아요. 나도 혼자 들어요.

학생들 무리가 들어오기 시작한다.
왕환은 엉겁결에 휘엔 옆에 앉는다.
왕환의 얼굴은 발그레하게 되었다.

✅ 어휘 연습하기

1. 다음 〈보기〉에서 알맞은 단어를 찾아 쓰십시오.

> 보기 마감, 무리, 엉겁결, 발그레

    1) 리리는 좋아하는 사람을 길에서 만나자 얼굴이 사과처럼 (　　　　)합니다.
    2) (　　　　)로 다니는 여행보다 혼자 다니는 여행이 더 좋아.
    3) 갑자기 강의실 불이 꺼지는 바람에 (　　　　)에 소리를 질렀습니다.
    4) 내일까지 보고서 (　　　　)이라 서둘러야 해.

✅ 문장 만들기

어휘	의미
두리번거리다	

▶ 문장 만들기:

어휘	의미
둘러보다	

▶ 문장 만들기:

어휘	의미
뒤따르다	

▶ 문장 만들기:

어휘	의미
마감되다	

▶ 문장 만들기:

어휘	의미
걱정하다	

▶ 문장 만들기: 예 유학을 오기 전에 걱정했는데 생각보다 힘들지 않다.

✅ 표현 익히기

• 간접인용법: 다른 사람에게서 들었거나 읽은 내용을 제 3자에게 간접적으로 전달할 때 쓴다.

		동사(V)		형용사(A)		명사(N)	
		기본	줄임말	기본	줄임말	기본	줄임말
평서문	현재	V-ㄴ/는다고 해요	V-ㄴ/는대요	A-다고 해요	A-대요	N(이)라고 해요	N(이)래요
	과거	V-았/었다고 하다	V-았/었대요	A-았/었다고 해요	A-았/었대요	N이었/였다고 해요	N이었/였대요
	미래추측	V-(으)ㄹ 거라고 하다	V-(으)ㄹ 거래요	A-(으)ㄹ 거라고 해요	A-(으)ㄹ 거래요	N(이)ㄹ거라고 해요다	N(이)ㄹ 거래요
의문문	현재	V-(느)냐고 해요 (V-냐고 해요)	V-(느)냬요	A-(으)냐고 해요	A-(으)냬요	N(이)냐고 해요	N(이)냬요
	과거	V-았/었냐고 하다	V-았/었냬요	-았/었냐고 해요다	A-았/었냬요	N이었/였냐고 해요	N이었/였냬요
	미래	V-(으)ㄹ 거냐고 하다	V-(으)ㄹ 거냬요	A-(으)ㄹ 거냐고 해요다	A-(으)ㄹ 거냬요.	N(이)ㄹ거냐고 해요	N(이)ㄹ거냬요
명령문	현재	V-(으)라고 해요	V-(으)래요	X	X	X	X
청유문	현재	V-자고 해요	V-재요	X	X	X	X

✅ 말하기 연습하기

💬 옆의 친구와 함께 간접화법을 활용하여 말해 봅시다.

상황	가	나
"휘엔은 개를 좋아해요."	휘엔은 개를 좋아한다고 해요.	휘엔은 개를 좋아한대요.
"휘엔은 베트남 사람이에요."		
"휘엔은 저녁에 불고기를 먹었어요."		
휘엔: "언제 방학을 해요?"		
휘엔: "주말에 바빠요?"		
휘엔: "오늘도 정말 더워요?"		
왕환: "베트남도 한국처럼 겨울에 추워요?"		
왕환: "민수씨는 한국 사람이에요?"		
휘엔: "빨리 오세요."		
휘엔: "더우니까 에어컨을 켭시다."		
왕환: "이 보고서를 아직 내지 말아요."		
휘엔: "방학에 제주도에 가자."		

✅ 생각해 보기

아르바이트 전문사이트에서는 아르바이트생 1277명을 대상으로 '가장 싫은 손님'은 누구인가에 대한 설문조사를 실시했습니다. 그 결과를 보면 아르바이트생이 가장 질색하는 손님 1위로 '어리다고 반말하는 손님'(26.2%)이 꼽혔습니다. 이 설문에 참여한 한 응답자는 "손님이 왕이라지만 왕도 좋은 왕과 나쁜 왕이 있습니다. 손님이라도 당연히 예의를 갖춰서 아르바이트생이나 점원을 대해야 합니다."고 주장했습니다.

혹시 여러분도 한국에서 아르바이트를 하면서 손님이 한 반말을 들은 경험이 있습니까? 그런 일이 있었을 때 기분은 어땠습니까?

고향에서는 반말과 존댓말을 사용하는 것이 중요하지 않으니까 괜찮다고 생각했나요? 아니면 한국어를 배울 때 나이가 많은 사람들에게는 존댓말을 해야 한다고 배워서 나보다 나이가 많은 사람이 반말을 해도 괜찮다고 생각했나요?

처음 만나는 사람이 나보다 나이가 많을 때 나에게 반말을 하는 것은 어떻습니까?

존댓말에 대한 여러분의 의견을 말해 보십시오.

제가 생각하기에 처음 만나는 사람이 나에게 반말을 하는 것은

02

교재를 안 가지고 왔거든요

[학습목표]

1. 이유를 나타내는 표현을 활용하여 말할 수 있다.
2. 그림표나 도표를 보고 자신의 생각을 말할 수 있다.

✔ 상황

첫 번째 수업이 끝나고 조금 안심이 됐다. 걱정을 많이 했지만 혼자 수업을 듣는 것도 좋다고 생각했다. 왜냐하면 교수님이 친절하시고 같이 수업을 듣는 친구들이 다정하게 말을 걸어 주기 때문이다. 게다가 옆에 앉은 휘엔이라는 유학생 선배는 성격도 좋고 한국어도 잘해서 도움을 많이 받을 수 있을 것 같다.

언어를 배울 때 성격이 중요하다고 생각한다. 나는 성격이 소심한 편이다. 한국말을 하다가 실수를 하면 창피하다고 생각이 들어 쉽게 말을 할 수가 없다. 한국어 말하기 수업을 듣는 학생들은 아무렇지도 않게 틀린 표현으로 말한다. 대범한 사람은 언어를 쉽게 배울 수 있을까?

나는 적극적인 사람이 되고 싶다. 오늘은 수업 시간에 말을 많이 하기로 결심했다. "틀려도 창피한 것이 아니다." 큰 소리로 말하고 강의실로 들어간다.

강의실 502호.
왕환이 가장 먼저 강의실에 도착해서 앞에서 두 번째 자리에 앉아 있다.
재킷 주머니에서 휴대폰을 꺼내 문자를 확인하고 문자를 보낸다.
학생들 들어오고 앞문으로 교수님이 들어오신다.

교수님   안녕하세요?
학생들   안녕하세요?
교수님   9시 시작인데 모두 오지 않았네. 지난 시간에 약속한 대로 9시 10분부터

지각으로 하겠어요.

| 학생들 | 네~ |
| 교수님 | 우선 전자출결 할 테니까 여러분은 휴대폰을 켜 놓으세요. 수업 시작할게요. |

왕환, 가방에서 책을 꺼내는데 『의사소통 1』 아니라 『이해와 표현 1』이 있는 것을 보고 당황한다. 왕환 옆을 돌아보는데 다른 학생들 책상 위에 책이 펼쳐져 있다.

| 교수님 | 자… 지난 시간에 이어 오늘은 자신의 상황을 상대방에게 이해시키는 표현을 배울 거예요…. (주위를 둘러보다 왕환이 책이 없는 것을 발견한다) 왕환. 책이 없어요? |
| 왕환 | (당황하며) 제가… 그러니까… 다른 책이 가방에 있고. 이게… '이해와 표현'이 왜 있나? '의사소통' 넣었는데…. |

학생들, 왕환의 대답에 "와~" 하고 웃는다.
교수님, 왕환을 보고 미소를 짓는다.

교수님	첫날 강의에서 지켜야 할 약속에 대해 말했어요. 그 중 하나가 교재입니다. 그렇죠, 왕환?
왕환	제가 어제 친구 집에서 잤잖아요. 그래서 책을 안 가지고 왔어요.
교수님	나는 왕환이 친구 집에서 잔 걸 몰라요. 책을 안 가져온 이유를 말할 때에는 '어제 친구 집에서 잤거든요.' '거든요'를 써야 해요. '잖아요'는 나도 알고 왕환도 알고 있는 이유를 설명할 때 써요.
휘엔	(손을 들고) 교수님! 그리고 '잖아요'는 친한 사이에서만 사용해야 해요. 왕환이 교수님께 '친구 집에서 잤거든요.'라고 말하는 것은 잘못된 표현이에요.
왕환	교수님… 죄송합니다. 저는 한국말을 잘 못해요.
교수님	그러니까 왕환은 이 수업을 듣잖아요. 하하. (학생들을 둘러보다 혼자 앉는 휘엔을 보고) 오늘은 왕환이 휘엔과 같이 앉아서 수업을 들으세요. 휘엔은 왕환과 책을 같이 보세요. 괜찮지요?

왕환은 뒤를 돌아보다 휘엔과 눈이 마주친다. 휘엔, 왕환을 향해 살짝 미소를 짓는다.

✅ 어휘 연습하기

1. 다음 〈보기〉에서 알맞은 단어를 찾아 쓰십시오.

> 보기   사실, 미소, 살짝, 표현

1) 리엔은 (   ) 웃어도 보조개가 보여서 예뻐.
2) 말은 안 했지만 (   ), 나는 왕환을 좋아해.
3) 화가 났으면 (   )을/를 해야 알 수 있지. 말을 안 하는데 어떻게 알겠어?
4) 자면서도 (   )을/를 짓는 아기의 얼굴이 정말 귀엽지 않니?

✅ 문장 만들기

어휘	의미
들어오다	

▶ 문장 만들기:

펼치다	

▶ 문장 만들기:

발견하다	

▶ 문장 만들기:

마주치다	

▶ 문장 만들기:

짓다	

▶ 문장 만들기:

설명하다	

▶ 문장 만들기: 예 교수님께서 잘 설명해 주셔서 전공 공부가 어렵지 않다.

✅ 표현 익히기

V-거든요

- 의미

  질문에 대한 대답 또는 앞의 내용에 대한 이유, 사실 등을 설명하듯 말하거나 뒤에 이야기가 계속
  이어짐을 나타내는 표현.

- 형태

동사	과거	-았/었거든요	형용사	과거	-았/었거든요
				현재	-거든요
	현재	-거든요	명사	과거	-였거든요
	미래	-(으)ㄹ거거든요		현재	-(이)거든요

V-잖아요

- 의미

  ① 어떤 상황에 대해 말하는 사람, 듣는 사람이 모두 알고 있는 이유를 나타내는 표현.

  ② 듣는 사람이나 다른 사람들도 알고 있는 것을 확인해 주거나 혹은 상대방이 잘 기억하지
     못할 때, 잘 모르고 있을 때 말하는 사람이 정정해 주거나 알려줄 때 사용한다.

  ③ 대화에서 자주 쓴다. 친구 관계나 그 밖에 아주 친한 사이에서 또는 말하는 사람보다
     아랫사람에게 일반적으로 쓴다.

- 형태

동사	과거	-았/었잖아요	형용사	과거	-았/었잖아요
				현재	-거든요
	현재	-잖아요	명사	과거	-였잖아요
	미래	-(으)ㄹ거잖아요		현재	-(이)잖아요

★ '-잖아요', '거든요.'는 세게 발음하면 상대방의 기분을 상하게 할 수 있으므로 주의해야 한다.

✅ 말하기 연습하기

💬 질문을 읽고 다양한 상황에 대해 '-거든요.', '-잖아요'를 사용하여 대답해 봅시다.

질문	상황1	상황2
왜?	어떤 상황에 대해 말하는 사람, 듣는 사람이 알고 있지 않다.	어떤 상황에 대해 말하는 사람, 듣는 사람이 모두 알고 있다.
왜 오늘 학교에 오지 않았어요?		
왜 오늘은 학생식당에 가지 않아요?		
왜 책을 안 가져 왔어요?		
왜 방학에 고향에 안 갔어요?		
왜 보고서를 어제 안 냈어요?		
왜 그 배우를 좋아해요?		
왜 전공 수업이 힘들어요?		
왜 병원에 갔어요?		
왜 오늘 서울(부산)에 가요?		
왜 주말에 도서관에 갔어요?		
왜 청소를 자꾸 해요?		
왜 한국 드라마를 봐요?		
왜 수영복을 사요?		

✅ 생각해 보기

아래의 표는 학생들이 좋아하는 교수님의 유형입니다. 여러분은 어떤 교수님을 좋아하나요? 왜 그렇게 생각했나요?

지금까지 공부를 하면서 만났던 선생님이나 교수님들을 생각해 보세요.

내가 좋아했던 분은 어떤 분이었을까요?

내가 싫어했던 분은 어떤 분이었을까요?

옆에 앉은 학생들과 이야기를 나누면서 선생님이 되기 위해서 필요한 것이 무엇인지 말해 봅시다

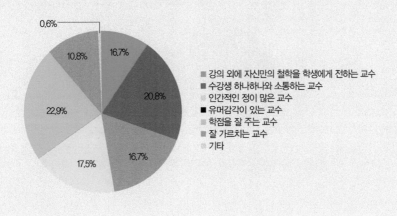

1. 여러분은 어떤 유형의 교수님을 좋아해요?	
2. 여러분은 어떤 유형의 교수님을 싫어해요?	
3. 선생님이 되기 위해서 필요한 것은 무엇일까요?	

	월(1.1)	화(1.2)	수(1.3)	목(1.4)	금(1.5)
아침					
점심	신 정	잡곡밥 북어해장국 돈갈비 (돈갈비-미국산) 토마토스파게티 오이지무침 모듬야채겉절이 포기김치	잡곡밥 쇠고기무국 (쇠고기-뉴질랜 드산) 생선까스/소스 양상추샐러드 두부강정 블루베리무피클 포기김치	잡곡밥 콩나물국 닭찜 (닭-국내산) 어묵꽈리조림 오징어실채볶음 (오징어-페루산) 통마늘지 포기김치	잡곡밥 배추국 삼겹살고추장볶음 (삼겹-스페인산) 상추/쌈장 봄동나물 김말이튀김/초간 장 포기김치

얼마나 맛있는지 몰라요

[학습목표]

1. 정도를 나타내는 표현을 활용하여 말할 수 있다.

2. 문화차이에 대한 생각을 표현할 수 있다.

✅ 상황

한국 음식이 처음에는 입에 맞지 않아서 힘들었는데 시간이 지나면서 맛있는 음식을 많이 알게 되었다. 한국 사람들이 좋아한다는 삼겹살 구이를 먹었을 때는 정말 맛있어서 3인분이나 먹었다. 순댓국, 뼈해장국, 김밥 등 시간이 날 때마다 맛있는 음식을 찾아다녔다.

그런데 한국에 와서 살이 많이 쪄서 고민이 생겼다. 규칙적으로 먹지 않고 배가 고플 때 갑자기 너무 많이 먹기 때문에 살이 찌기 시작했고 운동도 거의 하지 않아서 생활하는 것이 불편해졌다.

중국에 있을 때 어머니가 해 주시는 음식은 많이 맵거나 짜지 않았다. 그리고 운동도 자주 했다. 친구들은 중국에서 온 그대로이지만 내 몸만 많이 변했다.

운동도 하고 짜고 맵게 먹는 음식 습관도 바꿔야 한다. 그리고 많이 먹는 것도 고쳐야 한다. 하지만 잘 되지 않아서 걱정이다.

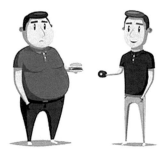

왕환과 친구들은 학생식당에서 점심을 먹고 있다.

왕환	나는 밥 먹을 때가 제일 좋아. 이 밥이 얼마나 맛있는지 몰라.
왕환 친구1	네 얼굴이 가장 행복해 보일 때가 밥 먹을 때야.
왕환 친구2	게다가 오늘은 네가 가장 좋아하는 삼겹살 고추장 볶음이다.
왕환	밥 먹을 때는 한국어를 말하지 않아도 되잖아. 난 한국어가 얼마나 어려운지 몰라.
왕환 친구1	넌 읽기도 잘하고 쓰기도 잘하면서 왜 말하기만 그렇게 어려워 해?
왕환 친구2	교수님이 그러시는데… 성격이 활발하면 활발할수록 언어를 쉽게 배

울 수 있대.

王환   난 조금 소심한 편이잖아.
王환 친구2 맞아, 얼마나 소심한지…, 그런데 밥 먹을 때는 대범하고. 하하하

휘엔과 친구들이 학생 식당으로 들어온다.

휘엔   뭐 먹을까? 오늘 삼겹살 고추장 볶음이 있네.
휘엔 친구1 고추장 볶음은 얼마나 매운지 몰라. 난 스파게티.
휘엔 친구2 휘엔은 매운 음식도 잘 먹지? 매운 음식을 매일 먹을 정도로 좋아해.
휘엔 친구1 휘엔은 매운 한국 음식도 잘 먹고 한국어도 잘하고, 한국과 관련된 것
         은 모두 좋아해. 그래서 한국어 선생님이 되려고 하지, 하하
휘엔   너희들도 나처럼 매운 음식을 매일 먹을 정도로 좋아하면 한국어를 잘
         하게 될걸. 하하

휘엔과 친구들은 음식을 고르고 계산하고 나서 영수증을 각각의 식당에 낸다.
휘엔은 창가 쪽에 자리 잡은 왕환과 친구들을 발견하고 손을 흔들어 인사한다.

왕환 친구1 누구야? 너보고 손을 흔드네.
왕환   (얼굴 빨개지며) 응… 강의 같이 듣는 선배야.
왕환 친구1 선배? 선배 아닌 거 같은데. 너보다 어려 보여.
왕환   밥이나 먹어.
왕환 친구1 너 얼굴 빨개. 이상해.
왕환 친구2 정말, 얼굴 빨갛네. 오호~… 이상하네.

친구들과 함께 음식을 들고 자리에 앉는 휘엔을 곁눈질로 보던 왕환. 휘엔과 눈
이 마주치자 허겁지겁 밥을 먹는다.

✅ 어휘 연습하기

1. 다음 〈보기〉에서 알맞은 단어를 찾아 쓰십시오.

> 보기   곁눈질, 허겁지겁, 관련, 게다가

    1) 내 옆에 앉은 사람이 계속 나를 (　　　　)로 보고 있어서 기분이 이상해.
    2) 비가 오고 (　　　　) 바람까지 부니까 빨리 집에 가야겠다.
    3) 왕환은 배가 고팠는지 (　　　　) 밥을 먹었어.
    4) 살찌는 이유는 식습관과 (　　　　)이/가 있어. 그러니까 음식 일기를 써 봐.

✅ 문장 만들기

어휘	의미
소심하다	

▶ 문장 만들기:

대범하다	

▶ 문장 만들기:

활발하다	

▶ 문장 만들기:

내다	

▶ 문장 만들기:

잡다	

▶ 문장 만들기:

빨갛다/ 빨개지다	

▶ 문장 만들기: 예 나는 수업 시간에 발표를 하면 얼굴이 빨개진다.

✅ 표현 익히기

얼마나 V/A- 은지/는지 모르다

■ 의미

너무 –하다

■ 형태

얼마나 A–(으)ㄴ지 몰라요 – 예) 얼마나 착한지 몰라요.

얼마나 V–는지 몰라요 – 예) 얼마나 자는지 몰라요.

※'얼마나 A–(으)ㄴ지 (몰라요)/얼마나 V–는지 (몰라요)'는 '어찌나 A/V–(으)ㄴ/는지'와 바꾸어 쓸 수 있다. 감탄 표현과 함께 쓰는 '어찌나'는 동작의 강도나 상태의 정도가 대단함을 나타낸다.

¶ 김치가 어찌나 맛있는지 모른다.(김치가 정말/매우/엄청 맛있다는 뜻)

¶ 날씨가 어찌나 추운지 몰라요.

¶ 비가 어찌나 많이 오는지 몰라요.

V–(으)ㄹ 정도이다

■ 의미

어떤 행위가 일어날 정도의 수준을 말할 때 쓴다. 뒤에는 이러한 내용과 비교하여 어떤 상황을 설명하는 내용이 온다.

■ 형태

※'–을 만큼'은 '–(으)ㄹ 정도이다'와 큰 의미 차이 없이 바꿔 쓸 수 있다.

¶ 눈이 아플 (만큼/ 정도로) 울었다.

¶ 그 영화는 잠을 못 잘 정도로 무서웠다.

¶ 율리아는 불고기를 매일 먹을 정도로 좋아한다.

💬 한국에 와서 생활하는 동안 가장 인상 깊었던 일에 대해 친구와 함께 이야기 해 봅시다. (얼마나 A/V-(으)ㄴ(는)지 모르다 사용)

> 나: 한국에 처음 왔을 때 가장 힘들었던 일은 뭐예요?
>
> 친구1: 저는 한국에 처음 왔을 때 한국 음식이 너무 매워서 잘 못 먹었어요. 그때 얼마나 힘들었는지 몰라요.
>
> 나:
>
> 친구1:
>
> 나:
>
> 친구1:
>
> 나:
>
> 친구1:
>
> 나:
>
> 친구1:

💬 대학교에서 공부하는 동안 가장 힘들었던/가장 재미있었던 일에 대해 친구와 함께 이야기 해 봅시다. (얼마나 A/V-(으)ㄴ(는)지 모르다 사용)

> 나: 대학교에서 공부하는 동안 가장 재미있었던 일이 있어요?
>
> 친구2: 외국인 유학생 말하기 대회에 참여했어요. 얼마나 재미있었는지 몰라요.
>
> 나:
>
> 친구2:
>
> 나:
>
> 친구2:
>
> 나:
>
> 친구2:
>
> 나:
>
> 친구2:

✔ 생각해 보기

나라마다 기후나 풍토, 전통 등이 다르기 때문에 다양한 음식 문화가 존재합니다. 예를 들면 일본은 왼손으로 밥그릇을 들고 오른손으로 젓가락을 사용해 음식을 먹습니다. 또한 숟가락을 사용하지 않고 젓가락만을 사용하는 것이 예절이기 때문에 국을 먹을 때도 국그릇을 손에 들고 젓가락을 이용해 건더기를 먹은 후 국물을 마십니다. 중국의 경우에는 젓가락을 식탁에 세게 내려놓거나 젓가락으로 음식을 찌르는 등의 행위는 예의에 어긋난다고 생각합니다. 또한 중국인들은 음식을 모두 먹으면 '준비한 음식이 부족했다'라는 의미로 해석하므로 음식을 조금 남기는 것이 예의라고 합니다. 한국은 어른들이 먼저 수저를 들고 나서 식사를 시작해야 하고 숟가락과 젓가락을 한꺼번에 사용하지 않습니다. 숟가락은 밥이나 국을 먹을 때 사용하고 젓가락은 반찬을 먹을 때 사용합니다.

각 나라마다 음식 예절이 있습니다. 하지만 우리는 각 나라의 예절을 모두 알 수 없습니다. 그래서 자신의 방식대로 음식을 먹는 것은 예의에 어긋나지 않는다고 생각합니다.

여러분의 생각은 어떻습니까?

제 생각에는

조장이 되면 전달 사항을 명확하고 확실하게 알려 주세요.

조원을 믿고 존중해 주세요.

네….

조원의 성격과 특징에 따라 조별 과제를 나눠 주세요.

조장으로 뽑히면 무엇을 하나요?

[학습목표]

1.피동의 표현을 이해하고 말할 수 있다.

2.조별 발표의 경험에 대해 말할 수 있다.

상황

유학 생활을 하면서 힘든 점 중의 하나는 조별로 과제를 하는 것이다. 특히 전공 수업에서 한국 학생들과 조를 이루어 과제를 하다보면 내가 도움이 되지 못하는 것이 아닐까 걱정이 되었고 한국 학생들과 의사소통이 원활하지 않아서 문제가 생길 때도 있었다. 그래서 조별로 과제를 하는 것에 대한 두려움이 많다.

이번 의사소통 수업에서는 유학생들끼리 과제를 하는 것이라 서로 도우면서 할 수 있어서 안심이 되지만 내가 조장이 되어서 걱정이 된다. 조별 모임에서 나를 조장으로 뽑은 조원들이 원망스럽다. 내가 성격이 소심해서 안 하겠다고 말을 못해서 그냥 조장이 된 것이다. 하기 싫은 것이 아니라 내가 하면 우리 조에 많은 도움이 되지 않을 것 같아서 걱정이 되기 때문이다.

조장을 하면 책임을 져야 할 일이 많을 텐데….

나는 왜 싫다는 말을 하지 못할까? 내가 바보 같다.

왕환과 친구들은 경영대학 건물 앞 의자에 앉아서 음료수를 마시고 있다.

왕환	의사소통 수업에서 내가 조장이 됐어. 가위바위보를 해서 이겼거든. 이긴 사람이 조장이 되는 거래.
왕환 친구1	조장으로 뽑히면 할 일이 얼마나 많은데….
왕환	한국말도 못하는데 조장으로 뽑혀서 걱정이야.
왕환 친구2	조원이 몇 명이야?
왕환	나 포함해서 6명. 중국사람 4명, 베트남 사람 1명, 일본 사람 1명.
왕환 친구1	여러 나라 친구들과 같이 하니 재밌겠네.
왕환	너희들과 강의를 같이 들었으면 좋았을 텐데…, 나 혼자 강의를 들으니 너무 어색해.
왕환 친구1.2	우리는 벌써 지난 학기에 들었잖아.
왕환	그러게. 조별 과제를 뽑았는데 충청도 지역 관광지를 조사해서 발표하는 거야. 직접 가서 사진도 찍고 그곳에서 만난 사람들을 인터뷰해야 돼.
왕환 친구1	재미있는 과제네. 지난 학기에는 회사를 만들어서 직원을 뽑는 역할극을 했거든.
왕환 친구2	아는 사람이 한 명도 없어?
왕환	그게… 지난번에 식당에서 만났던 베트남 선배도 같은 조야.
왕환 친구1	와~ 좋겠네.
왕환	야! 뭐가 좋아?
왕환 친구1	조장이 돼서 너의 멋진 모습을 그 선배에게 보여줘. 저기 보이는 황소 동상처럼 우직하게 일하면서 조원들에게 친절하게 대하면 인기가 많아질 걸. 하하하
왕환	(노려보고) 나 놀리는 거야!

왕환 친구들 황급히 일어나서 도서관 쪽으로 도망간다.

왕환	너희들, 잡히기만 해!!!

✅ 어휘 연습하기

1. 다음 〈보기〉에서 알맞은 단어를 찾아 쓰십시오.

> 보기 벌써, 인터뷰, 직접, 관광지

1) (   ) 저녁 여섯 시가 되었네, 시간 가는 줄 몰랐어.

2) 내가 이번에는 (   ) 그를 만나야겠어.

3) 이번 과제는 우리 학과 교수님을 (   ) 하는 거야. 가기 전에 질문을 만들어야 해.

4) 가: 이번 여름 방학에는 제주도에 가고 싶은데요. 추천해 줄 (   ) 이/가 있어요?

   나: 성산 일출봉에 가 보세요. 정말 멋있어요.

✅ 문장 만들기

어휘	의미
뽑히다	

▶ 문장 만들기:

다양하다	

▶ 문장 만들기:

어색하다	

▶ 문장 만들기:

놀리다	

▶ 문장 만들기:

멋지다	

▶ 문장 만들기:

우직하다	

▶ 문장 만들기: 예 자기 생각대로 성실하게 일하는 사람이 우직한 사람이다.

✅ 표현 익히기

피동이란 스스로 어떤 움직임이 일어나는 것이 아니라 다른 사람에 의해 움직이게 되는 것을 말한다. 이러한 의미를 나타내는 문장을 각각 '피동문'이라고 하고 그 문장을 만드는 방법을 '피동법'이라고 한다.

능동문:	경찰이	도둑을	잡았다.
	(주어)	(목적어)	(타동사)
피동문:	도둑이	경찰에게/한테/에 의해	잡혔다.
	(주어)	(부사어)	(피동사)

능동문: 흰 눈이 온 들판을 덮었다.
피동문: 온 들판이 흰 눈에 덮였다.

능동문: 김 씨가 박 씨에게 집을 팔았다.
피동문: 집이 {*김 씨에게, 김 씨에 의해} 박 씨에게 팔렸다.

능동문: 도둑들이 보물을 강 밑에 묻었다.
피동문: 보물이 {*도둑들에게/도둑들에 의해} 강 밑에 묻혔다.

−이−	−히−	−리−	−기−
놓다−놓이다	닫다−닫히다	걸다−걸리다	감다−감기다
바꾸다−바뀌다	막다−막히다	누르다−눌리다	끊다−끊기다
보다−보이다	묻다−묻히다	듣다−들리다	쫓다−쫓기다
묶다−묶이다.	박다−박히다	밀다−밀리다	빼앗다−빼앗기다
쓰다−쓰이다	밟다−밟히다	열다−열리다	찢다−찢기다
잠그다−잠기다	뽑다−뽑히다	팔다−팔리다	
섞다−섞이다	잡다−잡히다	물다−물리다	
쌓다−쌓이다	찍다−찍히다	떨다−떨리다	
파다−파이다		풀다−풀리다	

✅ 말하기 연습하기

💬 질문을 읽고 피동 표현을 사용하여 대답해 봅시다.

질문	대답
그 가방이 어디에 있어요?	(놓다) 책상 위에 놓여 있어요.
아기가 혼자 머리를 감아요?	(감다)
모기가 물었어요?	(물다) 네, 어제 모기에게 물렸어요. 가려워요.
왜 늦게 왔어요?	(막다)
추워요? 왜 몸을 떨어요?	(떨다)
문을 열었어요?	(열다)
문을 닫았어요?	(닫다)
	(바꾸다)
	(씻다)
	(팔다)
	(뽑다)
	(쫓다)
	(밀다)
	(놓다)

✅ 생각해 보기

💬 아래의 글은 유학하면서 조별 모임을 하거나 세미나를 하면서 힘들었던 내용을 적은 어느 유학생의 일기입니다.

● **2018년 5월 15일 화요일**   ● **날씨 : 내 마음처럼 우울함**

오늘도 꿀 먹은 벙어리가 되었다. 조별 모임을 하면서 내 의견을 말하고 싶었는데 언제 말을 해야 할지 잘 몰라서 아무 말도 하지 못했다. 게다가 내가 이야기를 하면 조원들이 귀를 기울여서 듣기 때문에 더욱 긴장이 돼서 말을 하지 못하겠다. 마치 언어 장애인이 된 것 같았다. 또한 조원들끼리 하는 이야기는 너무 빨라서 잘 알아들을 수 없어서 청각 장애인이 된 기분이었다. 간혹 내가 질문을 잘못 이해하고 엉뚱한 대답을 할 때 나를 쳐다보는 학생들의 시선이 견디기 힘들었다.

오늘도 나의 유학 생활은 언어 장애인이나 청각 장애인의 마음을 이해할 수 있을 정도로 어찌나 힘든지 모르겠다. 내일은 더 잘할 수 있을까?

어떤 수업 시간에 조별 모임을 했었나요?	
조별 모임을 하면서 어떤 점이 힘들었나요?	
조별 모임을 할 때 힘들었던 부분을 어떻게 해결했나요?	

민수 오빠는 참 잘 생겼어요.

정말 친절해.

성실해서 좋아!

재미있는 친구야!

덜렁대지만 배려심이 많아.

05

김민수가 인기가 많은가 봐

[학습목표]
1. 추측 표현을 사용하여 말할 수 있다.
2. 좋은 친구가 되는 조건을 말할 수 있다.

상황

왕환은 예전에 남자와 여자 친구들이 많았다. 인기도 많았다. 친구들은 인기가 많은 왕환을 부러워했지만 왕환은 부담스럽다는 생각을 했다. 왜냐하면 친구 중에 여자들은 왕환을 이성으로 좋아했기 때문이다. 그래서 왕환은 힘들었다. 여자 친구가 아니라 친구로 생각해서 기대고 의지할 수 있는 것과 연인이 되어 사귀는 것은 다르다는 것을 알았고 그리고 서로 좋아하는 사람들이 생기면서 친구 관계가 어색해져 힘든 일이 많았기 때문이다.

한국으로 유학을 오기로 결정했을 때 여자 친구를 사귀지 않기로 결심했으며 남자 친구들만 만나기로 마음을 먹었다.

지금 왕환 주위에는 남자 친구들만 있다.

이 결정에 대해 가끔 후회도 하지만 예전의 일을 생각하면 그냥 결심대로 사는 것이 좋겠다고 생각했다.

대학 체육관 내 체력 단련실.

왕환과 친구들은 운동 중이다. 멀리 떨어진 곳에서 김민수는 이어폰을 꽂고 음악을 들으면서 힘차게 러닝머신 위에서 달리고 있다. 김민수 주위에는 여학생만 있다. 여학생들은 가끔 곁눈질로 김민수를 보면서 미소를 짓는다.

왕환 친구1   (눈짓으로 김민수를 가리키며 조용한 목소리로) 야, 저 사람 인기가 많
                은가 봐.

왕환 친구2   그러게, 항상 저 사람 옆에는 여학생들이 많아.

왕환   저 사람 매일 운동을 해서 몸이 엄청 좋아.

왕환 친구1   자, 자, 우리도 열심히 운동해야지. 부러워만 하지 말고!

휘엔이 체련 단련실로 들어오자 김민수가 얼른 러닝머신을 끄고 내려온다.

김민수   휘엔!

휘엔   수업 끝나고 바로 운동복으로 갈아입고 왔지. 내가 운동 방해하는 건 아니지?

왕환과 왕환 친구1.2는 휘엔과 김민수가 이야기하는 것을 멀리서 보고 있다.

왕환 친구1   왕환, 저 선배 남자친구인가 보다.

왕환 친구2   그러게, 둘이 잘 어울리는데?

왕환 친구1   왕환 얼굴이 이상하다. 질투하는 거야?

왕환   질투는 무슨 질투야? 빨리 운동하고 밥 먹으러 가자.

휘엔, 멀리서 운동하는 왕환을 발견하고 손을 흔든다.
휘엔과 김민수는 왕환과 왕환 친구1.2에게 다가온다.

휘엔   우리 자주 만나네요.

왕환   안녕하세요?

휘엔   민수, 여기는 나랑 같이 수업 듣는 중국 유학생 왕환이야.

김민수   (손을 내밀고) 안녕하세요? 저는 김민수라고 합니다.

왕환   아… 네….

김민수   (왕환 친구1.2를 보고) 친구들이에요?

왕환 친구1.2   네….

휘엔   운동 끝나고 시간 있으면 같이 저녁 먹을까요? 민수 괜찮지?

김민수   오, 좋은 생각인데? 왕환 씨, 친구들도 괜찮아요?

왕환과 왕환 친구1.2는 서로 어쩔 줄 모르는 얼굴로 쳐다본다.

⊘ 어휘 연습하기

1. 다음 〈보기〉에서 알맞은 단어를 찾아 쓰십시오.

> 보기   단련, 얼른, 질투, 인기

    1) 리리는 얼굴도 예쁜데다가 공부도 잘 해서 (   )이/가 나.
    2) 식기 전에 갈비탕을 (   ) 드세요.
    3) 그 동작을 (   )하기 위해서 매일 3시간씩 연습하고 있다.
    4) 가: 이 옷 어때?
        나: 이 스타일이 요즘 (   )을/를 끌고 있어서 나도 사고 싶었어.
        같이 사자.

⊘ 문장 만들기

어휘	의미
꽂다	

▶ 문장 만들기:

힘차다	

▶ 문장 만들기:

빠지다	

▶ 문장 만들기:

방해하다	

▶ 문장 만들기:

어울리다	

▶ 문장 만들기:

어쩔 줄 모르다	

▶ 문장 만들기: 예 수업 시간에 질문을 받을 때마다 어쩔 줄 모르겠어.

V/A −나/은가 보다

■ 의미

어떤 것을 알게 되고 그것에 대하여 객관적으로 추측함을 나타낸다.

	동사(V)	형용사(A)	명사(N)
현재	V−나 보다 자나 봐요. 먹나 봐요.	A−(으)ㄴ가 보다 예쁜가 봐요. 착한가 봐요.	N−인가 보다 학생인가 봐요. 천사인가 봐요.
과거	V−았/었/였나 보다	A−았/었/였나 보다	N−이었/였나 보다
미래	V−(으)ㄹ 건가 보다	X	X

추측을 나타내므로 1인칭 주어와 함께 쓰면 어색한 경우가 있다. 단 말하는 사람이 스스로를 객관화하여 자신에 대해 몰랐던 것에 대해 이야기할 때에는 1인칭 주어도 가능하다.

¶ 저는 잠을 자나 봐요.(X)
¶ 나는 그 사람을 좋아하나 봐.(O)

※ 추측의 근거를 나타내는 '−(으)ㄴ/는 걸 보니(까)'와 함께 사용한다.
　객관적인 추측을 나타내므로 '내가 생각하기에'라는 표현과 어울리지 않는다.
　−은/는/을 모양이다'와 큰 의미 차이가 없어 바꿔 쓸 수 있다.

¶ 이 식당에 사람이 많은 걸 보니까 음식이 맛이 있나 봐요.
¶ 이 식당에 사람이 많은 걸 보니까 음식이 맛이 있는 모양이에요.

※ 동사에는 '−는가', 형용사에는 '−나'를 붙일 수도 있지만, 잘 사용하지 않는다.

⊘ 말하기 연습하기

☺ 얼굴 표정 사진을 보고 'A/V-(으)ㄴ/는 걸 보니(까)'와 'A/V-(으)ㄴ가 보다.'를 사용하며 말해 봅시다.

> 웃다, 화나다, 기쁘다, 슬프다, 즐겁다, 행복하다. 무섭다, 놀라다, 속상하다,
> 실망하다, 기분 좋다, 기분 나쁘다

1. 웃는 걸 보니까 시험에 합격했나 봐요.
2. 화난 걸 보니까 여자 친구와 헤어졌나 봐요.
3. _____
4. _____
5. _____
6. _____
7. _____
8. _____
9. _____

아리스토텔레스는 친구와 우정에 대해 다음과 같은 말을 했습니다.

"가난과 같은 힘든 일을 만났을 때, 사람들은 자신이 유일하게 기댈 곳은 친구라고 느낀다. 친구는 젊은 시절에는 나의 잘못을 바로잡아 주고, 나이가 들어 약해졌을 때는 나를 챙겨주는 존재다. 한창 전성기 때는 위대한 업적을 이루는 동반자가 된다. 생각하고 행동하는 데 있어 언제나 둘이 하나보다 낫기 때문이다."

다음은 친구에 관한 명언입니다.

1. 나쁜 친구와 만나는 것보다는 혼자 있는 것이 더 낫다.
2. 사람은 그의 친구 관계로 평가될 수 있다.
3. 친구는 얻기 어렵고, 잃기 쉽다.
4. 모든 사람의 친구는 누구의 친구도 아니다.
5. 힘든 일을 당했을 때의 친구가 진정한 친구다.

살면서 많은 사람들을 만나고 헤어지면서 우리는 관계를 맺습니다. 그러나 모두가 친구가 되지는 않습니다.
여러분이 생각하는 '친구'는 어떤 사람입니까?
좋은 친구가 되려면 무엇이 필요한가요?

제가 생각하는 친구는 이런 사람입니다.	
좋은 친구가 되려면 이렇게 해야 합니다.	

과거와 미래의 도서관

도서관에 가 보지 그래요?

[학습목표]

1. 제안 표현을 활용하여 말할 수 있다.

2. 도서관 이용 불편 상황에 대해 건의할 수 있다.

✅ 상황

친구에게 부탁을 하거나, 하지 말라고 금지를 하거나 명령을 할 때, 또는 안 좋은 일에 대하여 질문을 할 때, 친구의 잘못이나 실수를 지적할 때 어떻게 하면 듣는 사람의 마음을 아프지 않게 할까?

나는 소심한 편이지만 가끔 내가 하고 싶은 말은 그대로 해서 친구들이 기분이 나쁘다고 한 적이 있었다. 그래서 어머니께 내 성격에 대해 말씀을 드렸는데 어머니는 솔직하게 이야기하는 것이 더 좋다고 하셨다. 아버지는 상대방의 기분을 생각해서 다르게 말하는 것이 중요하고 다양한 방법이 있으니 연습해 보라고 하셨다.

기분 나쁘게 말하지 않는 법을 연습해야 한다고? 솔직하게 말하는 것이 나쁜 것인가?

한국어를 배우면서 기분이 상하지 않게 말하는 방법에 대해 고민해 보았다. 그런데 나는 오늘 조별 모임에서 조원들을 기분 나쁘게 한 것 같아 걱정이 된다.

왕환은 교양 강의동 1층 휴게실에서 '의사소통' 수업을 함께 듣는 조원들과 이야기를 나누고 있다.

왕환   우리 조는 어디를 가면 좋을까요?
조원1 글쎄요. 난 학교밖에 몰라요.
조원2 저는 지난번 방학 때 소양강 댐에 갔었어요. 댐에 물 박물관도 있는데 볼만

한 것이 많아요. 저는 거기를 소개하는 것이 좋겠어요.

휘엔 댐에 관련된 것은 벌써 5조에서 하기로 했대요. 우리는 조금 색다른 곳을 하는 것이 좋겠어요.

왕환 충청도에 대해 잘 아는 사람이 있을까요?

휘엔 제 친구 김민수 고향이 충청도라고 했어요. 거기에서 오래 살았으니까 그 친구에게 물어볼까요? 잠깐만요. 전화 한번 해 볼게요.

왕환 아니, 그냥 우리가 찾아서 해요. 우리 과제니까요.

휘엔 (고개를 갸우뚱거리며) 그래요, 그럼….

조원3 충주에 대해 알아보려면 도서관에 가지 그래요? 도서관에는 자료가 많이 있을 거예요.

왕환 그럼 우리 모두 같이 도서관에 갑시다.

조원1, 2, 3 우리는 지금 수업에 가야 해요. 늦었어요. 미안해요.

왕환 (화가 난 듯) 그래요? 그래도 과제를 같이 하니까 함께 가야지요.

휘엔 나는 오늘 수업이 다 끝났으니까 같이 갈 수 있어요.

조원1 그럼 휘엔 씨와 왕환 씨가 같이 가지 그래요?

조원2 조장이 왕환 씨라서 우리는 든든해요.

조원3 고마워요, 조장님, 휘엔 씨. 우리 조 파이팅!

왕환 (소리를 높이면서) 여러분, 조장이 하는 과제가 아니고 우리 함께 하는 과제잖아요.

조원1, 2, 3은 미안한 표정을 짓는다. 휘엔은 난처한 표정으로 왕환을 본다. 왕환은 화난 사람처럼 숨을 깊게 내쉰다.

왕환 조장으로 뽑혀서 힘드네요. 조원들도 자신의 책임을 생각해야지요.

휘엔 (생각하다가) 도서관에 자료가 많을 거예요. 빨리 갑시다.

왕환 (조원들을 향해 화를 내며) 수업이 있다니까 가세요. 내가 조장이니까 알아서 할게요.

조원1, 2, 3 눈치를 보다가 강의실 쪽으로 빠르게 뛰어 간다.

휘엔 우리 둘이 해도 자료 조사는 문제없을 거예요. 걱정하지 말아요. 빨리 갑시다.

표정이 굳은 왕환과 휘엔은 교양 강의동을 나와 도서관 쪽으로 빠르게 걷는다.

✅ 어휘 연습하기

1. 다음 〈보기〉에서 알맞은 단어를 찾아 쓰십시오.

> 보기 | 함께, 그냥, 잠깐, 자료

1) 이 과제만 끝나면 우리 조원들과 (　　　　) 저녁 식사를 하기로 했어.

2) 이 음식은 소금을 넣지 말고 (　　　　) 먹어요. 그래야 더 맛있어요.

3) 가: 어디 가요?

　나: (　　　　)을/를 찾으려고 도서관에 가요.

4) 가: 아까부터 무엇을 찾고 있어요?

　나: 지갑을 집에 두고 왔나 봐요. (　　　　) 집에 갔다 올게요.

✅ 문장 만들기

어휘	의미
나누다	

▶ 문장 만들기:

색다르다	

▶ 문장 만들기:

갸우뚱거리다	

▶ 문장 만들기:

난처하다	

▶ 문장 만들기:

든든하다	

▶ 문장 만들기:

뜨다	

▶ 문장 만들기:

놀라다	

▶ 문장 만들기: 예 친구와 이야기를 하다가 친구가 갑자기 화를 내서 놀랐다.

✅ 표현 익히기

V-지 그래요?

■ 의미

자신의 의견을 상대방에게 간접적으로 권유할 때 사용한다. 주로 구어체와 비격식체에 사용한다. 윗사람이나 지위가 높은 사람에게는 사용할 수 없다.

¶ 가: 하루 종일 컴퓨터를 했더니 피곤하네요.

　나: 좀 쉬지 그래요?

¶ 가: 내일이 시험인데 공부를 전혀 못했어요.

　나: 지금이라도 하지 그래요?

V-는 것이 좋겠다.

■ 의미

자신의 의견을 상대방에게 권유할 때 사용한다. 보통 조언이나 충고를 할 때 많이 사용한다.

¶ 가: 이번 방학에 어디에 가면 좋을까요?

　나: 제주도에 가는 것이 좋겠어요. 제주도는 경치가 아름답잖아요.

¶ 가: 아르바이트를 하고 싶은데 어떻게 하면 좋을까요?

　나: 조교님에게 물어보는 것이 좋겠어요. 지난번에 유학생들을 위한 아르바이트를 소개해 주신다고 했어요.

✅ 말하기 연습하기

💬 친구의 상황을 듣고 'V-지 그래(요)?'를 사용하여 대답해 봅시다.

친구의 상황	나의 제안(V-지 그래(요)?)
요즘 잠을 잘 못 자.	잠을 자기 한 시간 전에 따뜻한 물로 샤워하지 그래?
한국어 말하기 실력이 늘지 않아.	
생활비가 부족해.	
중국 음식을 먹고 싶어.	
이번 학기 학점이 너무 나빠.	
여자 친구와 싸웠어.	

💬 나의 상황을 듣고 선배가 'V-는 것이 좋겠다'를 사용하여 어떻게 말할까요?

나의 상황	선배의 조언(V-는 것이 좋겠다)
방학에 계획이 없어요.	제주도의 유명한 관광지를 가 보는 것이 좋겠어.
한국 요리를 배우고 싶어요.	
유학 생활이 너무 힘들어요.	
좋아하는 사람에게 말을 걸지 못하겠어요.	
전공을 바꾸고 싶어요.	
수업 시간에 발표할 때 너무 떨려요.	

✅ 생각해 보기

○○대학에서 외국인 유학생 350명을 대상으로 도서관 이용에 대한 조사를 실시했는데 아래와 같은 결과가 나왔다.(중복응답)

외국인 유학생들의 도서관 이용에 대한 조사를 실시하였는데 몇 가지 문제점이 나타났습니다.

1. 도서관 이용 방법을 모르기 때문에 도서관 이용에 어려움을 겪고 있다.(63%)
2. 도서관을 찾아간다 해도 사서 선생님과 의사소통의 문제가 생긴다.(42%)
3. 고향말로 된 책이 많이 없다.(75%)
4. 도서관 이용 교육을 하지 않아서 이용하기 힘들다.(80%)
5. 고향말로 된 홈페이지가 없어서 이용하기 불편하다.(90%)

외국인 유학생들이 도서관을 쉽게 이용할 수 있는 방법을 생각한 후 학교에 건의해 봅시다.

★ 건의사항

1. 대학교에 입학하기 전에 도서관 이용 교육을 실시하는 것이 좋겠다.
2. 도서관 이용 교육을 받고 간단한 테스트를 해서 도서관 포인트를 주면 좋겠다.
3.
4.
5.

탄금대는 1976년 12월 21일 충청북도 기념물 제4호로 지정
되었다가 2008년 7월 9일 명승 제42호로 변경되었
다. 본래 '대문산'이라 부르던 낮은 산이었다. 신기하게 생긴 바위가
있고 남한강과 울창한 소나무 숲이 있어서 경치가 매우 좋다.

　　탄금대란 신라시대 진흥왕 때 유명한 음악가 중 한 명인 우륵이라
는 사람이 가야금을 연주하던 곳이라 하여 붙여진 이름이다.

07

탄금대에 가 보니까
좋더군요

[학습목표]

1. 시도 표현을 활용하여 말할 수 있다.

2. 경험의 중요성에 대한 자신의 생각을 발표할 수 있다.

✅ 상황

한국에서 가장 많이 들었던 단어 중의 하나는 '정'이다. 어떤 사람은 한국의 '정'은 특별해서 고향말로 그대로 번역하는 것이 어렵다고 했다. 수업 시간에 배운 '미운 정, 고운 정'을 생각해 보면서 휘엔 선배가 떠올랐다. 한국 사람들은 미운 정. 고운 정이라는 말을 많이 한다고 한다. 미운 정도 있을까? 어떻게 고운 정과 미운 정을 구분할 수 있을까?

조별 과제를 하면서 의견이 맞지 않아서 싸우기도 했지만 점점 정이 든다는 생각이 들었다. 함께 보내는 시간이 많으면 정이 드는 걸까? 정이란 무엇일까? 정이란 누구를 좋아하는 감정일까?

나는 요즘 휘엔 선배를 보며 '정이 든다'는 말을 생각해 보았다.

왕환과 휘엔, 그리고 조원 4명은 탄금대비 앞에서 휴대폰으로 단체 사진을 찍고 있다.

조원1   자, 여기를 보세요. 하나, 둘, 셋, 모두 김치!
조원들   김치~
왕환   우리가 조사할 이곳은 탄금대입니다. 탄금대는 우륵이라는 음악가가 가야금을 연주하던 곳이라는 뜻입니다. 여러분, 가야금 알아요?

조원들	압니다. 알아요!
휘엔	또 이곳은 조선시대 때 전투를 했던 곳입니다. 신립이라는 장군이 여기서 일본과 전쟁을 했대요.
조원2	도서관에서 찾은 자료를 읽고 와 보니까 정말 신기하네요.
왕환	우선, 2명씩 짝을 지어서 이곳에 온 사람들을 인터뷰해야 해요. 질문지 다 가져왔지요?
조원2	당연하죠! 자, 그럼 각자 자기가 맡은 곳에서 인터뷰를 합시다.

조원들 2명씩 짝을 지어 다른 곳으로 가고 왕환과 휘엔은 팔각정 쪽으로 걸어 올라간다.

휘엔	저기 한 분이 팔각정에서 쉬고 있네요. 가서 인터뷰합시다. 왕환 씨.
왕환	휘엔 선배는 반말을 하다가 존댓말을 하다가… 이상해요.
휘엔	우리는 지금 과제하는 중이에요. 사적인 자리가 아니니까 존댓말을 하는 겁니다. (관광객을 보고 활짝 웃으며) 안녕하세요? 저희는 한국대학교에 다니는 유학생들입니다. 실례지만, 인터뷰 해 주실 수 있어요? 저희는 교양 수업 과제를 하고 있어요.
관광객	유학생들이 한국어를 잘 하네요. 하하. 무슨 인터뷰요?
휘엔	왕환 씨, 질문 하세요.
왕환	탄금대에 와 보니까 어떠세요?
관광객	저는 서울 사람인데 충주에서 가장 유명한 곳이 탄금대라고 해서 왔어요. 와 보니까 경치가 정말 아름답네요. 서울에서 떠날 때는 덥더니 여기는 정말 시원하군요.
왕환	어떤 교통을 이용하셨어요?
관광객	자가용을 타고 왔는데 2시간 정도 걸렸어요.
휘엔	여행을 좋아하세요?
관광객	저는 여행이 취미예요. 한 달에 한두 번은 서울을 떠나 여행을 하지요.
왕환	대답해 주셔서 감사합니다. 즐거운 여행 하세요.
관광객	둘이 참 잘 어울리네, 여자 친구, 남자 친구예요?

휘엔과 왕환은 서로 마주보고 놀란 표정을 짓는다.

✅ 어휘 연습하기

1. 다음 〈보기〉에서 알맞은 단어를 찾아 쓰십시오.

> 보기 명승지, 실례, 존댓말, 연주

1) (   )지만, 강남역은 어느 쪽으로 가야 하나요?
2) 설악산은 한국의 (   )여서 항상 관광객들이 많아.
3) 유학생 축제에서 왕환은 피아노 (   )을/를 하기로 했대.
4) 학생들끼리도 (   )을/를 하는 것이 좋습니다.

✅ 문장 만들기

어휘	의미
경치	

▶ 문장 만들기:

단체	

▶ 문장 만들기:

신기하다	

▶ 문장 만들기:

실례하다	

▶ 문장 만들기:

마주보다	

▶ 문장 만들기:

짓다	

▶ 문장 만들기: 예 슬픈 표정을 짓고 있는 친구 옆에 조용히 앉았다.

✅ 표현 익히기

V-아/어 보니까

■ 의미

앞의 내용은 말하는 사람이 의지를 가지고 시도한 행동의 경험을 나타낸다. 뒤의 내용은 경험을 통해 알게 된 새로운 사실이나 느낌, 의견을 나타낸다.

※ 뒤의 내용에는 보통 과거 시제가 온다.

주어가 1인칭이 아닌 경우, 간접인용법을 사용한다.

-아/어 보니까 앞에는 동사 '보다'를 사용할 수 없다.

¶ 한국에 와 보니까 재미있어요.

¶ 충주에서 살아 보니까 생각보다 힘들었어요.

¶ 왕환 씨가 불고기를 먹어 보니까 맛이 없대요.

¶ 한국어 책을 봐 보니까 생각보다 쉬웠어요.(X)

¶ 한국어 책을 보니까 생각보다 쉬웠어요.(O)

V/A-더니

■ 의미

앞의 내용에는 말하는 사람이 과거에 다른 사람의 행동이나 상황을 실제로 보거나 듣거나 느낀 상황을 나타낸다. 뒤의 내용에는 관찰을 통해 알게 된 새로운 사실이나 앞의 내용과 상반된 결과를 나타낸다.

※ 앞의 내용과 뒤의 내용 사이에는 시간적 간격이 있어야 한다.

뒤의 내용에는 미래 시제를 쓸 수 없다.

1인칭 주어에는 '-었더니'를 쓰고 2, 3인칭 주어에는 '-더니'를 쓴다.

¶ 도서관에 갔더니 사람이 없어요.

¶ 왕환은 어릴 때 날씬하더니 지금은 통통해요.

¶ 아침에는 비가 안 오더니 지금은 아주 많이 와요.

✅ 말하기 연습하기

💬 'V-아/어 보니까'를 사용하여 나의 경험에 대해 말해 봅시다.

나의 경험	사실
불고기를 먹었다.	불고기를 먹어 보니까 정말 맛있었어요.
도서관에 갔다.	
교수님을 만났다.	
의사소통 수업을 들었다.	

1. 불고기를 먹어 보니까 정말 맛이 있었다.
2.
3.
4.
5.
6.

💬 'V/A-더니'를 사용하여 관찰한 내용을 말해 봅시다.

관찰한 내용	발견한 사실, 반대의 결과
아침에는 더웠다.	아침에는 덥더니 오후에는 선선해요.
학생 식당에 사람이 없다.	

1. 아침에는 덥더니 오후에는 선선하다.
2.
3.
4.
5.
6.

✅ 생각해 보기

💬 아래는 '경험'과 관련된 명언입니다.
글 중에서 하나를 골라 경험에 대한 자신의 생각을 말해 봅시다.

경험이 없는 사람에게는 중요한 일을 맡기지 마라. – 그라시안

남의 경험에서 무언가를 배울 만큼 현명한 사람은 없다. – 벤자민 프랭클린

모든 사람들은 자기의 경험밖에는 믿지 않는다. – 엠페도클레스

50대 이상의 사람들의 경험과 판단을 모두 귀담아 들어라. 이 세계를 움직여 나갈 만큼 능력 있는 사람은 그리 많지 않다. – 포드

저는 경험이 없는 사람에게는 중요한 일을 맡기지 말라는 그라시안의 말이 옳다고 생각합니다. 왜냐하면

당신은 소원은 무엇입니까?
소원을 말하면서 이 돌탑을 쌓아 보세요.
돌이 떨어지지 않으면 소원이 이루어진다고 합니다.

08

고백할 수 있을지 걱정입니다

[학습목표]

1. 걱정을 나타나는 표현을 활용하여 말할 수 있다.

2. 상대방의 고민을 듣고 조언할 수 있다.

상황

과제가 끝나고 나서 충주호 쪽에 있는 종댕이길을 휘엔 선배와 같이 걸었다. 종댕이길은 종댕이산이라 불리는 심항산을 한 바퀴 돌아 걷는 길이다. 이 길을 걸으면서 휘엔 선배는 유학 생활하는 동안 즐거웠던 일, 힘들었던 일, 보람 있었던 일에 대해 많은 이야기를 했다. 나는 듣고는 있었지만 마음은 다른 곳에 가 있었다.

나는 휘엔 선배에게 좋은 감정이 생기면서 고백을 해야 할지, 아니면 기다려야 할지 고민이다. 그러다가 다른 사람이 휘엔 선배에게 다가가는 것이 아닐까 걱정이 되기도 한다.

내가 좋다고 그 사람이 나를 어떻게 생각하는지도 모르는데 내가 좋아한다고 고백하는 것은 용기일까? 아니면 무례한 행동일까?

며칠 동안 이 생각을 하느라고 잠을 못 자서 피곤하다.

왕환과 휘엔은 종댕이길의 입구에 있는 돌탑 앞에 멈춘다. 휘엔은 바닥에서 예쁜 돌 하나를 주워 돌탑 위에 올려놓고 손을 모은다. 그 모습을 지켜보는 왕환.

휘엔   잠깐만요. 기도를 해야겠어요.
휘엔   소원바위 앞에서 이렇게 돌을 올려놓거나 소원을 적어서 꽂아 놓으면 소원이 이루어진대요. 민수가 알려줬어요.

왕환 지난번 같이 밥 먹을 때 보니까 김민수 선배님은 참 친절한 거 같아요.

휘엔 친절하고 착해서 인기가 많아요. 민수가 한국어 도우미를 해 주면서 한국어 실력이 많이 늘고 한국 생활도 어렵지 않았어요.

왕환 ….

휘엔 왕환 씨도 한국어 도우미를 신청해 봐요.

왕환 어… 선배가 해 주세요.

휘엔 나요? 그건 어렵지 않은데… 나도 누구를 가르칠 만큼 한국어를 아주 잘 하지는 못해요.

왕환 선배 꿈이 한국어 선생님이잖아요. 그러니까 먼저 연습해 보면 좋지 않아요?

휘엔 그렇지만… 민수처럼 한국 사람도 아니고.

왕환 (말 자르며) 저는 한국 사람들 하는 말은 너무 빨라서 잘 알아들을 수가 없어요. 두렵기도 하고요. 하지만 선배가 한국어 도우미 해 주면 한국어를 더 잘 할 수 있을거 같아요.

휘엔 그럼, 처음에는 민수에게 배우면 어떨까요? 민수가 덜렁대기는 하지만 재미있게 한국어를 가르쳐 줘요.

왕환, 바닥의 돌을 하나 주워 돌탑 위에 놓고 손을 모아 기도한다. 그런 모습을 보는 휘엔.

왕환 선배가 한국어 도우미가 되면 좋겠다고 기도했어요.

휘엔 하하하. 그래요? 좋아요. 그 기도는 빨리 이루어지게 할게요.

왕환 선배, 나보다 2살 많으니까 반말해도 좋아요.

휘엔 그래요? 그래… 그럼 왕환도 나에게 반말해도 좋아. 우리 친구 됐으니까.

왕환 친구요? 친구….
(마음속으로) 고백을 할 수 있을지 걱정이다. 여자 친구가 돼 달라고 할까?

휘엔 왕환, 무슨 생각하는 거야? 왜 갑자기 얼굴이 빨개졌어?

왕환 (당황하며) 예? 아무 생각 안 했어요. 날씨가 더워요. 우리 빨리 흔들다리까지 가요.

휘엔 다시 존댓말 쓸거야?

왕환, 앞서서 빠르게 걸어가고 휘엔은 고개를 한 번 갸웃거리고 왕환을 따라간다.

✅ 어휘 연습하기

1. 다음 〈보기〉에서 알맞은 단어를 찾아 쓰십시오.

> 보기 보람, 감정, 고백, 소원

1) 후배 유학생들을 위해 한국어 도우미를 신청한 것은 (　　　)있는 일이었어.
2) 가: 이번 학기 (　　　)은/는 뭐야?

　나: 이번 학기는 장학금을 받으면 좋겠어. 그게 내 (　　　)이야.
3) 가: 리리에게 (　　　)했어?

　나: 아직 좋아한다고 말 못했어.
4) 가: 솔직하게 자신의 (　　　)을/를 표현하는 것이 더 좋아.

　나: 너무 솔직하게 표현하면 안 좋은 일도 있어.

✅ 문장 만들기

어휘	의미
꽂다	

▶ 문장 만들기:

신청하다	

▶ 문장 만들기:

이루어지다	

▶ 문장 만들기:

갸웃거리다	

▶ 문장 만들기:

모으다	

▶ 문장 만들기:

무례하다	

▶ 문장 만들기: 예 처음 만나는 사람에게 반말을 하는 것은 무례한 행동이다.

✅ 표현 익히기

V-(으)ㄹ 수 있을지 걱정이다

■ 의미

말하는 사람이 어떤 사실에 대하여 할 수 있는 능력이나 가능성을 걱정할 때 사용한다.

※ 1인칭 주어가 앞의 내용을 걱정할 때는 'V-(으)ㄹ 수 있을지 걱정이다.'를 사용한다.
　3인칭 주어가 앞의 내용을 걱정할 때는 'V-(으)ㄹ 수 있을지 걱정하다.'를 사용한다.

¶ 나는 그 일을 끝낼 수 있을지 걱정이야.
¶ 왕한 씨는 그 일을 끝낼 수 있을지 걱정해요.
¶ 졸업을 할 수 있을지 걱정이다.

V/A-(은)ㄴ/는데도 불구하고

■ 의미

앞의 사실과 상관없이 뒤의 사실이 일어남을 표현할 때 사용한다. 뒤의 사실은 반대의 사실이거나 예상·기대와는 다른 사실을 나타낸다.

A		V		N
현재	과거	현재	과거	
받침x–큰데도 받침O–작은데도	–았/었는데도	받침 X–자는데도 받침 O–먹는데도	–았/었는데도	받침X–의사인데도 받침O–학생인데도
큰데도 적은데도 많은데도 예쁜데도	컸는데도 작았는데도	자는데도 먹는데도 있는데도 만드는데도 (ㄹ 받침)	먹었는데도 잤는데도	의사인데도 학생인데도

※ 주로 격식적인 상황에서 사용하는데 비격식적인 상황에서는 '불구하고'를 생략하는 경우가 많다.

¶ 나이가 어린데도 불구하고 토픽 시험 5급에 합격했다.
¶ 열심히 공부했는데도 시험을 잘 못 봤다.
¶ 왕환은 추운데도 얇은 옷을 입고 왔다.

✔ 말하기 연습하기

💬 아래의 상황을 생각하며 'V-(으)ㄹ 수 있을지 걱정이다.'를 사용하여 말해 봅시다.

상황	V-(으)ㄹ 수 있을지 걱정이다 V-(으)ㄹ 수 있을지 걱정하다
내일 시험이다.	내일이 시험인데 공부를 다 할 수 있을지 걱정이야.
늦게 일어났다.	
어머니 생신인데 선물을 사지 못했다.	
여자 친구와 싸웠다	
왕환 씨가 약을 먹어도 감기가 낫지 않는다.	
휘엔 씨가 많은 사람들 앞에서 발표를 한다.	

1. 내일 시험인데 공부를 다 할 수 있을지 걱정이다.
2.
3.
4.
5.
6. 휘엔 씨가 사람들 앞에서 발표를 잘 할 수 있을 지 걱정해요.

💬 아래의 상황을 생각하며 'A/V-(은)ㄴ/는데도 불구하고'를 사용하여 말해 봅시다.

상황	반대되는 상황 V/A-(은)ㄴ/는데도 불구하고
어릴 때 키가 작았다.	지금은 키가 2미터이다.
공부를 안 했다.	

1. 어릴 때 키가 작았는데도 불구하고 지금은 키가 2미터이다.
2.
3.
4.

✅ 생각해 보기

💬 다음은 어떤 청취자가 라디오 프로그램에 보낸 사연입니다. 사연을 듣고 어떤 말을 하면 좋을지 생각해 봅시다.

안녕하세요? 깊은 밤 행복 나라의 진행자 이소영입니다. 오늘도 사연이 도착했습니다. 부산에서 왔는데요. 하루하루 힘든 날을 보내고 계신다는 분입니다. 아, 무슨 일일까요? 청취자 여러분도 사연을 잘 듣고 좋은 말씀 보내주세요.

안녕하세요. DJ님
현재 짝사랑 중인 여학생입니다.
저는 17살이고요. 고등학교 2학년입니다.
부산에 살고 있습니다.
짝사랑하는 오빠는 저보다 1살 많아요. 고등학교 3학년이지요.
친구들이 저랑 오빠가 얘기하고 있으면 잘 어울린다고 자주 말해줘요.
또 친구들이 이 오빠도 저를 좋아하는 거 같다고 이야기해요.
하지만 이 오빠는 저에게 어떤 말도 하지 않아요.

그래서 이번 빼빼로 데이에 고백을 해 볼까 생각을 했는데….
아니면 더 좋은 방법이 있을까요?
저를 좀 도와주세요.
부탁드립니다.

하루하루 힘든 날을 보내고 있는 여학생…

여러분이 DJ라면 어떤 말을 하고 싶은지 쓰고 발표해 봅시다.

나는
너를
처음
만났을 때
설렜다.

나는
오늘도
너를
만나서
설렌다.

고백하지 않았어야 했는데…

[학습목표]

1. 후회 표현을 활용하여 말할 수 있다.
2. 안건을 만들어 토론할 수 있다.

✔ 상황

'퇴짜를 맞다.'

오늘 수업 중에 배운 문장이다. 이 말은 좋아한다고 말을 했는데 거절을 당했을 때 쓸 수 있는 말이다. 이 말을 배우면서 나의 상황을 생각했다.

나는 휘엔 선배에게 고백을 하고 어쩔 줄 몰라 하고 있다. 아직 휘엔 선배에게 대답을 듣지 못했기 때문이다. 진짜 퇴짜를 맞은 것인가?

어떻게 행동해야 할지 정말 모르겠다.
내가 한 행동에 대해 다시 생각해 보았다. '후회'하지 않지만 너무 빨리 고백을 한 것이 아닌지 걱정이 되었다.

국제비즈니스 대학 2층 학생서비스센터
왕환은 손으로 얼굴을 감싸고 소파에 누워 있다. 옆에 앉은 왕환의 친구1.2는 걱정스러운 얼굴로 왕환을 보고 있다.

왕환 친구1   왕환, 요즘 너 왜 그렇게 괴로워 해? 무슨 일 있어?

왕환 친구2	네가 좋아하는 밥도 잘 안 먹고, 정말 이상하다.
왕환 친구1	친구에게도 말 못하는 일이 있는 거야? 정말 실망이다.
왕환 친구2	의사소통 과목 과제하고 나서 얘가 이상해졌어. 그렇지 않니?
왕환 친구1	맞아. 맞아. 탄금대도 가고 종댕이길도 간다고 좋아했는데… 갔다 온 다음부터 이상해.
왕환 친구1,2	혹시! 그 선배 때문인가?
왕환	(갑자기 고개를 들고) 야, 그만해.
왕환 친구1	뭘 그만해, 우리가 뭘 했다고?
왕환	선배란 소리 그만하라고!
왕환 친구2	너 그 선배랑 무슨 일이 있구나.
왕환 친구1	너… 혹시… 그 선배에게 좋아한다고 말했냐?
왕환	(얼굴이 빨개지며) ….
왕환 친구2	맞다, 맞아. 얘가 고백했어, 고백했네.
왕환 친구1	그런데 그 선배가 싫다고 했구나. 맞지?
왕환	아니야!
왕환 친구1	아니긴 뭐가 아니야.
왕환 친구2	그 선배는 그때 만난 김민수 형을 좋아하는 것 같았는데.
왕환	휘엔 선배는 김민수 선배님을 그냥 친구로 좋아하는 거야.
왕환 친구1	오호, 너는 여자 친구로 휘엔 선배를 좋아하는 거고?
왕환	그만해. 나 괴로워.
왕환 친구2	너 고백했지? 맞지? 우리 사이에 그런 고민을 말해야지, 너 혼자 끙끙대니?
왕환	(앉으며) 사실은… 휘엔 선배에게 좋아한다고 말했는데… 아휴, 고백하지 않았어야 했는데….
왕환 친구1	말하고 나서 어색해졌구나!
왕환	선배가 전화도 안 받고, 문자도 안 읽고… 고백하지 말걸 그랬어. 내가 바보야, 정말….
왕환 친구1	바보 아니야, 넌 용감한 남자야. 감정을 솔직하게 말하는 건 멋진 일이지.
왕환 친구2	걱정하지 마, 선배가 생각할 시간이 필요하겠지. 기다려 봐.
왕환	아니야, 그때 말하지 말았어야 했어. 나중에… 나중에 말할걸 그랬어.

✓ 어휘 연습하기

1. 다음 〈보기〉에서 알맞은 단어를 찾아 쓰십시오.

> 보기   실망, 괜히, 갑자기, 끙끙

  1) 감기에 걸린 왕환은 밤새 (   ) 아픈 소리를 냈다.
  2) 동생이 잘못 했는데 (   ) 나까지 혼이 나서 기분이 나빴다.
  3) 날씨가 (   ) 더워져서 에어컨을 사야겠어.
  4) 가: 성적표를 보고 (   ) 했어?
     나: 아니, 생각보다 잘 나와서 다행이야.

✓ 문장 만들기

어휘	의미
감싸다	

▶ 문장 만들기:

쓰러지다	

▶ 문장 만들기:

끙끙대다	

▶ 문장 만들기:

어색하다	

▶ 문장 만들기:

솔직하다	

▶ 문장 만들기:

그만하다	

▶ 문장 만들기: 예 성적이 좋지 않아서 아르바이트를 그만하기로 했다.

✅ 표현 익히기

V–았/었어야 했는데
V–(으)ㄹ 걸 그랬다.

- 의미

주어가 과거에 해야 했지만 하지 못한 일이나 하지 않은 일에 대하여 말하는 사람이 아쉬움이나 후회를 표현할 때 사용한다.

※ 주어가 1인칭인 경우에는 말하는 사람 자신의 아쉬움이나 후회를 나타내고
   주어가 2,3인칭인 경우에는 그 주어에 대해 말하는 사람의 아쉬움을 나타낸다.

¶ 이번 학기에 장학금을 받았어야 했는데 못 받아서 아르바이트를 해야 한다.
¶ 예약했어야 했는데 주말에 사람이 이렇게 많을 줄 몰랐어.
¶ 왕환 씨가 고백했어야 했는데 안 했다네요.

¶ 갈비가 너무 비싸네. 불고기를 시킬 걸 그랬어.
¶ 눈이 오는데 지하철을 탈 걸 그랬어.
¶ 너는 휘엔 생일 파티에 오지 말 걸 그랬어.

¶ 매운 음식을 먹지 말 걸 그랬어.(과거에 한 일에 대한 아쉬움, 후회)
¶ PC방에 가지 않을 걸 그랬어.(과거에 한 일에 대한 아쉬움, 후회)

๏ 살면서 후회했던 일을 생각하고 'V-았/었어야 했는데, V-(으)ㄹ 걸 그랬다'를 사용하여
그 일에 대해 말해 봅시다.

후회했던 일	어떻게 하면 후회가 사라질까?
1. 길이 막히는데도 택시를 탔다.	택시를 타지 말 걸 그랬다. 지하철을 탈 걸 그랬다.
2	
3	
4	
5	
6	
7	
8	
9	
10	

1. "택시를 안 탔어야 했는데 괜히 탔어. 길이 막힐 때는 지하철을 탈 걸 그랬어."

2.

3.

4.

5.

6.

7.

8.

9.

10.

✅ 생각해 보기

💬 아래의 글을 읽고 토론해 봅시다.

안건 **후회하는 것은 좋은 태도이다.**

> 잘못을 하고 후회하는 것은 상당히 인간적이라고 생각한다. 누구나 실수를 할 수 있고 그것은 인간의 일반적인 행동이므로 후회 다음의 행동이 더 중요하다고 생각한다. 후회를 통해 반성하고 다시 잘못을 되풀이 하지 않는 것이 중요하다. 하지만 반복적인 후회는 잘못에 대한 무감각이라는 버릇이 생길 수 있다.

찬성 나는 안건 '후회하는 것은 좋은 태도다.'에 찬성합니다.
그 이유는 다음과 같습니다.
첫 번째 이유는,

두 번째 이유는,

마지막으로

위에서 말한 세 가지 근거를 바탕으로 나는 안건에 대해 찬성하는 입장입니다.

반대 나는 안건 '후회하는 것은 좋은 태도다.'에 반대합니다.
그 이유는 다음과 같습니다.
첫 번째 이유는,

두 번째 이유는,

마지막으로

위에서 말한 세 가지 근거를 바탕으로 나는 안건에 대해 반대하는 입장입니다.

축제를 마음껏 즐깁시다

✅ 상황

친구가 갑자기 나에게 '열 번 찍어서 안 넘어가는 나무 없다.'라는 한국 속담을 알려 주었다. 이 속담은 '무슨 일을 하든지 쉽게 포기하지 말고 한 번에 안 되면 두 번, 두 번에도 안 되면 세 번, 될 때까지 끈기를 가지고 도전하다 보면 반드시 좋은 결과가 있을 것이다.'라는 뜻을 가진 말이다. 그리고 아무리 굳은 마음을 가진 사람도 여러 번 말하고 달래면 결국 마음이 변할 수 있다는 뜻도 있다.

속담과 뜻을 알려주면서 휘엔 선배에게 계속 좋아한다고 말해 보라고 했다. 친구의 말을 듣고 바로 전화를 걸려다가 다시 생각을 하게 되었다. 왜냐하면 이 말은 여자와 남자 관계에서 사용하면 좋지 않을 것 같기 때문이다.

시간이 좀 걸리더라도 휘엔 선배의 대답을 기다려 보기로 했다.

축제의 열기가 가득한 노천극장
노래를 부르는 가수는 관객들의 호응을 유도하면서 손짓을 한다.
왕환과 친구들, 어깨를 들썩이면서 음악에 맞춰 박수를 친다.

가수   무더운 밤, 잠은 오지 않고, 이런저런 생각에 불러 본 너, 나올 줄 몰랐어,

간지러운 바람 웃고 있는 우리, 밤하늘에 별, 취한 듯한, 너~ 여러분! 축제
를 마음껏 즐기세요!!!! 힘껏 소리 질러!!!!

관객들   와~~~~~~~~~~~~!!!!!

왕환   저 사람 노래 잘 부른다.

왕환 친구1   노래가 아니라 랩이야. 랩! 저 사람은 래퍼고. 하하

왕환   랩도 노래지 뭐. 가사도 좋다.

왕환 친구2   간지러운 바람은 무슨 뜻이야? 바람이 간지럽다니. 하하

왕환   바람이 세게 불지 않고 살살 불어서 바람이 나를 간질이는 것 같다는 느낌
을 표현한 거야.

왕환 친구1   제법인데, 어! 저기 휘엔 선배 아니야?

왕환   어디?

왕환 친구2   정말!! 무대에 올라온 사람 휘엔 선배다.

가수   맨 앞에서 제 노래를 모두 따라 부르셨던 분을 무대로 초대했습니다. 제 노
래를 다 아세요?

휘엔   네, 베트남에서 오빠 노래를 듣고 나서 한국어를 배우기 시작했어요, 오빠
덕분에 한국어를 잘하게 되었어요. 감사합니다.

가수   유학생이신데 한국말을 정말 잘 하시네요.

휘엔   감사합니다. 아침마다 오빠 노래를 부르고 나서 학교에 가면 공부가 잘
돼요.

가수   와아! 제가 더 감사합니다. 실례가 안 된다면 저와 함께 다음 노래 불러 주
실 수 있어요?

휘엔   혹시, 다음 노래가 '못 먹는 감'이에요?

가수   역시, 제 팬이 맞군요. 맞아요, 같이 불러요.

가수, 휘엔   아~ 몰라 못 먹는 감, 못 먹는 감, 못 먹는 감, 그냥 그림의 떡….

왕환, 가수와 함께 노래를 부르는 휘엔을 넋 놓고 쳐다본다. 그런 왕환을 쳐다
보는 왕환 친구1.2.

왕환 친구1   지금껏 들어보지 못한 휘엔 선배의 노래네. 노래도 잘 부르는군.

왕환   그림의 떡이라고 노래한다. 나에게 하는 말처럼 들리네….

왕환 친구2   야. 오늘은 다른 생각 하지 말고 축제를 마음껏 즐기자!!!

왕환   (물끄러미 노천극장의 휘엔을 바라본다)

✅ 어휘 연습하기

1. 다음 〈보기〉에서 알맞은 단어를 찾아 쓰십시오.

> 보기   열기, 호응, 물끄러미, 넋

  1) 가: 다음 주부터 축제가 시작이야! 우리 유학생회에서 댄스를 준비하자.

     나: 축제 (   )이/가 대단하겠어.

  2) 가: 무슨 생각을 하고 있어? 불러도 대답을 안 하고!

     나: 미안, 생활비 걱정 때문에 내가 (   )이/가 나갔나 봐.

  3) 이 제품은 성능이 좋아서 소비자들의 (   )을/를 얻었다.

  4) 어머니께서는 유학을 떠나는 나의 얼굴을 (   ) 보셨다.

✅ 문장 만들기

어휘	의미
유도하다	

▶ 문장 만들기: 예 교수님은 유학생들이 말하기 대회에 적극 참여하도록 유도하셨다.

흥겹다	

▶ 문장 만들기:

제법이다	

▶ 문장 만들기:

못 먹는 감	

▶ 문장 만들기:

그림의 떡	

▶ 문장 만들기:

V-고 나서

■ 의미

앞의 내용과 뒤의 내용이 시간의 순서에 따라 차례대로 일어남을 나타낼 때 사용한다. '-(으)ㄴ/는 다음에'와 비슷하다.

※ '-고 나서' 앞에는 과거 '-았/었', 미래, 추측 '-겠' 등이 올 수 없다.

¶ 나는 목욕을 했고/하겠고 나서 우유를 마셨다.(X)
¶ 시험을 보고 나서 밥을 먹으러 갔어요.

※ '-고 나서'는 시작과 끝이 명확한 동사만 쓴다.

¶ 식탁에 놓인 컵을 들고 나서 커피를 마셨다.(X)
  식탁에 놓인 컵을 들고서 커피를 마셨다.(O)
¶ 푹 자고 나서 아르바이트를 갔다.

※ 주로 구어나 비격식적 문어에서 쓴다.

N껏

■ 의미

(몇몇 명사 뒤에) '그것이 닿는 데까지'의 뜻을 더한다.
(때를 나타내는 몇몇 부사 뒤에 붙어) '그때까지 내내'의 뜻을 더한다.

※ 마음껏/정성껏/힘껏/능력껏
  지금껏/아직껏/여태껏/이제껏.

¶ 시험이 끝나면 마음껏 여행을 가고 싶다.
¶ 정성껏 만들었으니 맛있게 드세요.
¶ 지금껏 그곳에 한 번도 가 본 적이 없다.
¶ 이제껏 내가 해 놓은 것은 불고기 요리밖에 없다.

✅ 말하기 연습하기

💬 '- 고 나서'를 사용하여 내일의 계획을 친구에게 말해 봅시다.

시 간	오전 6시	오전 7~8:30	오전			
할 일	일어나기 과제 마무리					

내일은 좀 일찍 일어나려고 해. 왜냐하면 과제를 아직 다 하지 못했기 때문이야. 아침에 일어난 다음에 과제를 마무리하고 나서 아침을 먹으려고 해….

◌◌◌아래에 제시된 속담을 사용하여 대화를 만들어 봅시다.

> 1. 갈수록 태산
> 2. 산 넘어 산
> 3. 태산을 넘으면 평지가 보인다
> 4. 겨울이 지나지 않고 봄이 올 수 없다

---

1. 갈수록 태산

가: 내일부터 중간고사가 시작되었는데 보고서도 내일까지 내야 해.

나: 아직 보고서를 안 썼어? 보고서 제출 기간은 수업 첫날 교수님이 말씀하셨잖아.

가: 시간이 이렇게 빨리 갈 줄 몰랐어. 그리고 일요일에는 토픽 시험도 있어.

나: 갈수록 태산이네.

---

2. 산 넘어 산

---

3. 태산을 넘으면 평지가 보인다

---

4. 겨울이 지나지 않고 봄이 올 수 없다

저는 발표를 할 때마다 얼굴이
빨개집니다. 그리고… 너무 떨려서
목소리가 제대로 나오지 않습니다.
발표를 하는 것이 정말 힘듭니다.
교수님, 도와주세요!

11

교수님께 상담을
받을까 해

[학습목표]

1. 계획을 나타내는 표현을 활용하여 말할 수 있다.

2. 문제 상황을 파악하고 해결 방안을 말할 수 있다.

상황

왕환은 요즘 자주 아래와 같은 증상이 나타난다.

- 복통이나 두통이 자주 나타난다.
- 밥을 잘 못 먹는다.
- 이유 없이 짜증이 난다.
- 잠을 푹 자지 못한다.
- 의욕이 없다.
- 말수가 줄어들었다.
- 쉽게 지치고 피곤하면서 학교에 가기 싫다.
- 가슴이 답답하다.
- 소변을 자주 보고 변비가 심해졌다.
- 눈을 수시로 깜빡이거나 코를 킁킁거리는 등의 이상한 행동이 생겼다.

왕환은 요즘 너무 힘들어서 교수님께 상담 신청을 하려고 한다.

혹시 여러분도 이런 증상을 겪을 때 누구와 상담을 하나요?
아니면 그냥 지내나요?

기숙사 방 안
왕환은 침대에 누워 이리저리 뒤척이다가 벌떡 일어난다.
휴대폰을 들고 잠시 망설이다가 전화를 건다.

왕환 여보세요? 김 교수님 휴대폰인가요? 저는 왕환이라고 합니다.
김 교수 아, 왕환, 내가 전화하려던 참이었어요. 지난 수업 끝나고 시간이 없어서
      왕환과 상담을 못해서 마음에 걸렸거든요.

왕환	네, 교수님.
김 교수	지금 시간이 있으면 연구실로 올 수 있어요? 교수 연구동은 어디 있는지 알아요? 기숙사 옆에 있는 하얀 색 건물이에요.
왕환	네, 알고 있습니다. 지금 가도 될까요?
김 교수	202호로 오세요.

왕환, 교수 연구동 202호 앞에서 노크를 하려다 망설이고 또 노크를 하려다 망설인다. 갑자기 문이 열리면서 김 교수님이 나온다.

김 교수	아이쿠, 깜짝 놀랐네. 왕환이 안 와서 밖에 나가서 기다리려던 참이었어요.
왕환	죄송합니다. 교수님, 제가 너무 떨려서… 교수님께 상담 받는 것은 이번에 처음이고….
김 교수	(환하게 웃으며) 들어와요. 괜찮아요.

김 교수님은 왕환에게 차를 내주고 마시라고 권한다. 왕환은 긴장한 듯 손을 만지작거리고 눈동자가 흔들린다.

김 교수	편하게 마셔요. 괜찮아요… 왕환. 나는 왕환 조에서 낸 보고서가 아주 마음에 들어요. 물론 다른 조의 보고서 내용도 좋았고요. 그래서 다음 주에 조장들의 발표를 들을까 하는데….
왕환	네? 저는 아직 학생들 앞에서 발표하는 것이 너무 힘들어요. 앞에 서면 목소리가 떨리고 아무 생각도 나지 않아요.
김 교수	그럼 같은 조에 있는 휘엔과 같이 발표하는 것은 어때요?
왕환	사실은… 조끼리 앉는 것이 불편해서 교수님께 말씀드리고 싶었어요. 그래서 상담하려고 한 거예요.
김 교수	조원들끼리 앉는 것이 불편하군요. 왜 그런지 물어봐도 돼요?
왕환	그건… 비밀로… 하고 싶어요. 죄송해요, 교수님.
김 교수	(왕환을 걱정스럽게 보면서) 의사소통 수업은 활동이 많아서 조끼리 앉는 게 좋은데….
왕환	사실은요… 아니… 죄송해요.
김 교수	지금 말 안 해도 돼요. 차 마셔요.

왕환, 고개를 숙이고 찻잔을 들고 있다. 김 교수님은 안타까운 표정으로 왕환을 본다.

✅ 어휘 연습하기

1. 다음 〈보기〉에서 알맞은 단어를 찾아 쓰십시오.

> 보기 증상, 상담, 비밀, 부탁

1) 친구가 나에게 어려운 (　　　)을/를 했는데, 어떻게 해야 할지 모르겠어.
2) 이건 절대 (　　　)이니까 누구에게도 말하면 안 돼.
3) 콧물이 나고 열이 나는 (　　　)이/가 있어서 좀 쉬어야겠어.
4) 휘엔은 시간이 있을 때마다 후배들의 고민 (　　　)을/를 한다.

✅ 문장 만들기

어휘	의미
환하다	
▶ 문장 만들기:	
망설이다	
▶ 문장 만들기:	
걸리다	
▶ 문장 만들기:	
권하다	
▶ 문장 만들기:	
만지작거리다	
▶ 문장 만들기:	
생기다	
▶ 문장 만들기:	
간절하다	
▶ 문장 만들기: 예 간절한 마음으로 대학 합격 소식을 기다리고 있다.	

✅ 표현 익히기

V-(으)ㄹ까 하다

- 의미

말하는 사람의 불확실한 계획이나 약한 의지를 표현할 때 사용한다.
아직 확실하게 결정한 것은 아니지만 앞의 행동을 할 생각이 있을 때 사용한다.

※ 과거의 상황인 경우에는 '(으)ㄹ까 했다.'를 쓸 수 있다.

¶ 다음 주에 쇼핑할까 해요.
¶ 오늘 월급이 들어오면 은행에 갈까 했는데 월급이 안 들어오네요.
¶ 시간이 많아서 영화를 볼까 해요.

V-(으)려던 참이다

- 의미

계획을 표현할 때 사용한다. 계획을 실행하려고 하던 '순간'이라는 뜻이다.

※ 계획에 따라 어떠한 행동을 막 하려고 하는 순간이라는 의미이기 때문에
　 계획과 행동 사이에 시간적 간격이 거의 없다.

¶ 막 나가려던 참이에요.
¶ 라면을 먹으려던 참이에요.
¶ 청소하려던 참이에요.

✅ 말하기 연습하기

💬 '-(으)ㄹ까 하다.'를 사용하여 대화를 완성하십시오.

1. 가: 왕환 씨, 주말에 뭐 할 거예요?

   나: _____.

2. 가: 대학교를 졸업하면 뭐 할 거예요?

   나: _____.

3. 가: 보고서를 언제까지 완성할 거예요?

   나: _____.

4. 가: 시험이 끝나고 어디로 여행을 갈 거예요?

   나: _____.

5. 가: 축제 때 동아리에서 어떤 활동을 할 거예요?

   나: _____.

6. 가: 교수님께 전화를 언제 하려고 해요?

   나: _____.

💬 '-(으)려던 참이다.'를 사용하여 친구와의 대화를 완성하십시오.

1) 친구 왕환, 어디야? 식당 앞에서 기다리고 있어.

   왕환 미안, 거의 다 왔어. 나가려던 참에 전화가 와서 조금 늦었어, 미안.

2) 친구 여보세요? 왕한? 집에 있었어?

   왕환 응, 그런데 _____.

3) 친구 아직 저녁을 안 먹었어?

   왕환 _____.

4) 왕환 도서관에 있었네. 계속 공부할거지?

   친구 아니, _____.

✅ 생각해 보기

💬 다음 상황을 잘 읽어 보십시오.
여러분이 상담사가 되면 아이와 엄마에게 어떤 말을 해 주고 싶은가요?

> 주말에 종일 게임만 하는 아이에게 엄마는 "이제 그만하고 제발 공부 좀 해."하고 잔소리를 하고 말았습니다. 아이는 "지금 막 공부하려던 참이었다고요!!!"하고 소리를 지릅니다. 아이가 화가 났는지 자기 방문을 세게 '쾅' 닫고 들어갑니다. 그런 모습을 보니 엄마는 부글부글 끓어오르는 화를 참을 수가 없습니다. 그리고 엄마는 아이의 방문 앞에서 잔소리를 하기 시작합니다.

우선 상담을 하기 전에 문제가 무엇인지 살펴보아야 합니다. 문제에 따라 상담할 내용이 달라집니다. 문제가 무엇인지 분석해보고 상담해 봅시다.

문제상황	여러분이 아이에게 하고 싶은 말	여러분이 엄마에게 하고 싶은 말
1. 아이는 주말에 게임을 너무 많이 한다.	주말에도 시간을 정해 게임을 하는 것이 좋겠습니다.	주말에는 평일보다 조금 더 쉴 수 있도록 해 주십시오. 쉬어야 공부도 더 잘 됩니다.

이 길로 갈까? 저 길로 갈까?

저 길 끝에는 무엇이 있을까?

두 길의 끝을 볼 수만 있다면…

12

그건 네 마음에
달려 있어

[학습목표]

1. 판단을 나타내는 표현을 활용하여 말할 수 있다.

2. 신문에서 사회 문제에 관한 기사를 읽고
   자신의 의견을 말할 수 있다.

✅ 상황

김민수 선배님이 휘엔 선배를 좋아하는 걸까?
휘엔 선배도 김민수 선배님을 좋아하는 걸까?
그래서 휘엔 선배에게 연락이 없는 걸까?

일주일에 한번 의사소통 수업에서 휘엔 선배를 만나지만 선배는 인사만 할 뿐이다. 예전처럼 옆에 앉지도 않는다. 잘 웃지도 않는다.

고민을 하다가 김민수 선배님에게 전화를 했는데 선배님은 아주 반갑게 전화를 받았다. 떨렸지만 자신있게 만나자고 말했다. 선배님도 좋다고 했다. 우리는 아무도 없는 강의실에서 만나기로 했다.

교양 강의동. 텅 빈 303호 강의실
김민수와 왕환이 창가쪽 책상에 걸터앉아 밖을 내려다 보고 있다.
두 사람은 커피를 마시고 있다.

김민수 왕환 씨. 나는 왕환 씨 전화 받고 좀 놀랐어요.
왕환 갑자기 전화를 드려서 미안합니다. 선배님.

김민수	아니요. 그게 아니라. 왕환 씨가 전화할 줄은 몰랐어요.
왕환	….
김민수	저… 휘엔은 참 좋은 사람이에요. 마음씨가 착할 뿐만 아니라 활발해서 친구가 많아요.
왕환	저도 그렇게 생각해요. 근데….
김민수	왕환 씨, 저와 휘엔은 아주 친한 친구예요. 나는 그냥 휘엔의 남.사.친이에요. 휘엔이 자주 왕환 씨 이야기를 해서 왕환 씨와 휘엔이 사귀는 줄 알았어요.
왕환	(당황하며) 그건 아니에요.
김민수	휘엔이 친구들에게도 왕환 씨의 이야기를 많이 하는 편이래요. 그러니까….
왕환	사실은… 휘엔 선배에게 좋아한다는 말을 했어요.
김민수	그래요? 그럼 이제 문제가 없는 거 아니에요?
왕환	그런데 휘엔 선배는 대답이 없네요.
김민수	휘엔 선배라고 하지 말고…. 그냥 휘엔이라고 부르면 어때요? 내 생각에 휘엔을 선배라고 불러서 휘엔이 답을 안 할 수도 있다고 봐요. 어떻게 부르느냐에 따라 다르지요. 연인 사이에 선배나 누나는 좀 이상하잖아요.
왕환	그럼, 휘엔이라고 부르라고요?
김민수	그게 좋을 수도 있어요. 겨우 두 살 차이인데요. 휘엔이 선배라고 하면 기분이 좋지 않을 거예요.
왕환	아… 그럴 수도 있겠군요.
김민수	용기를 더 내 보세요. 이제부터는 모두 왕환 씨에게 달려 있어요.
왕환	고맙습니다. 김민수 선배님.
김민수	나에게도 그냥 민수 형. 이렇게 불러요. 김민수 선배님이라고 부르니까 가깝지 않은 것 같아요. 우리 밥도 먹었고 운동도 가끔 같이 하잖아요.
왕환	하하하. 제가 한국어를 잘 못해서 그래요. 죄송합니다.
김민수	죄송하긴요. 그러면서 배우는 거지요. 뭐. 자! 건배 한 번 할까요?
왕환	예?

김민수는 커피가 담긴 컵을 들고 한쪽 눈을 찡긋한다. 왕환도 똑같이 따라 하며 웃는다.

왕환	형, 이제부터 저에게 반말하는 게 좋겠어요. 그게 저도 편해요.
김민수	그래! 자, 왕환, 우리 건배도 해 보자! 한국에서 멋진 대학 생활을 위하여!

✓ 어휘 연습하기

1. 다음 〈보기〉에서 알맞은 단어를 찾아 쓰십시오.

> 보기 똑같이, 파이팅, 의리, 처지

  1) 가: (   )이/가 없다는 말을 들었거든요. 무슨 말이에요?
     나: 과제를 하는데 정보를 알려주지 않고 혼자만 알고 있을 때, 그렇게 말해요.
  2) 가: 우리 팀, (   )!
     나: (   ) 보다는 '힘내자'는 말로 바꿔 쓰면 좋아요.
  3) 리리와 리리 동생은 (   ) 생겨서 쌍둥이 같아.
  4) 나는 그 친구에게 100만원을 빌려 줄 (   )이/가 아니다.

✓ 문장 만들기

어휘	의미
따라하다	
▶ 문장 만들기:	
들다/들리다	
▶ 문장 만들기:	
활발하다	
▶ 문장 만들기:	
사귀다	
▶ 문장 만들기:	
걸터앉다	
▶ 문장 만들기:	
수행하다	

▶ 문장 만들기: 예 조장의 역할을 수행하면서 한국어를 더 잘하게 되었다.

✅ 표현 익히기

N-에 달려 있다

■ 의미

앞의 대상이 어떠한 결과의 가장 중요한 역할을 한다고 판단할 때 사용한다.

※ 무생물이나 식물인 경우에는 '-에'를 사용하고 사람이나 동물인 경우에는 '-에게'를
   사용한다.

¶ 이번 시험 합격은 너의 노력에 달려 있어.
¶ 유학을 결정하는 것은 결국 너에게 달려 있으니 잘 생각해야 해.
¶ 네 행복은 너에게 달려 있다.

V/A-(느)냐에 따라 다르다/ N-(이)냐에 따라 다르다

■ 의미

앞의 조건이 어떠한 결과의 가장 중요한 역할을 하게 되는데 말하는 사람이 그 역할에 따라
결과가 다를 수 있다고 판단할 때 사용한다. 즉, 어떠한 조건에 의해 결과가 다를 수도 있다
는 의미이다.

¶ 기숙사 생활은 누구와 사느냐에 따라 다르다.
¶ 한 달 생활비는 무엇을 먹느냐에 따라 다르다.
¶ 여행 가격은 출발일이 언제냐에 따라 다르다.

✅ 말하기 연습하기

💬 'V/A-(느)냐에 따라 다르다/ N-(이)냐에 따라 다르다'를 사용하여 친구와의 대화를 완성하십시오.

친구의 질문	나의 대답
부자인 남자와 똑똑한 남자가 있어. 나는 누구와 사귀면 좋을까?	그 문제는 네가 무엇을 중요하게 생각하느냐에 따라 다르지.
기숙사에 살까? 자취를 할까?	
이 치마를 살까? 바지를 살까?	
다음 학기에 '한국어 말하기'를 신청할까? '한국어 글쓰기'를 신청할까?	

💬 아래의 신문 기사를 읽고 여러분의 생각을 이야기 해 봅시다.

> 게임 콘텐츠 개발연구소는 2000여 명의 청소년과 부모를 대상으로 부모의 간섭과 자녀의 게임 몰입에 관한 조사를 발표했다. 그 결과에 따르면 초등학생과 중학생은 부모가 많이 간섭할수록, 고등학생은 부모의 기대가 높을수록 게임에 몰입하는 경향이 있다는 것을 알 수 있었다. 부모가 주는 스트레스가 게임 몰입의 원인이 된다는 것이다.
>
> 요즘 아이들은 외모든, 성적이든, 취업이든 뭔가 뜻대로 안 풀리면 부모 탓을 하는 경우가 많다고 한다. 물론 한국 사회에서 자녀의 학업에 대한 부모의 기대가 크다 보니 다른 나라에 비해 청소년들의 스트레스가 높은 것은 사실이다. 그래서 자녀들은 스트레스를 받으면 자기 통제를 못 하고 게임에 더욱 몰입하게 될 수 있다는 것이다.
>
> 김민수 OO 일보 사회부 기자

자녀들이 게임이 몰입하는 이유는 부모 책임이 크다고 생각한다.

자녀들이 게임이 몰입하는 이유는 부모와 상관없는 일이라고 생각한다.

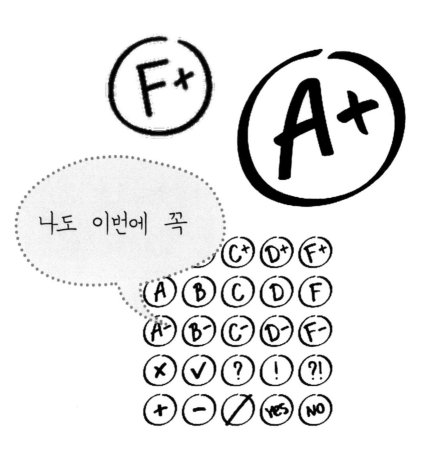

B를 받기라도 하면 좋겠다

[학습목표]

1. 희망을 나타내는 표현을 활용하여 말할 수 있다.
2. 행복에 대한 자신만의 생각을 말할 수 있다.

상황

전공 시간에 교수님께서 '공부는 전략이 필요하다.'라고 말씀하셨다.

이 말씀을 듣고 전략은 전쟁에서 이기기 위한 방법이 아닌가? 내가 공부와 싸우는 것도 아닌데 전략이 필요하다고? 그럼 내가 공부하는 방법이 전략인가? 여러 생각이 들었다.

교수님은 공부를 잘하기 위해서는 특별한 방법이 필요하다고 하셨다. 나는 강의를 들을 때 늘 녹음을 한다. 교수님의 말씀을 다시 듣고 메모하고 강조해서 말씀하신 부분을 빨간색으로 밑줄을 긋는다. 그리고 새로운 한국어 어휘를 배울 때는 이야기를 만들어서 외운다.

다음 시간에는 강의 시간에 배운 것을 잘 기억하는 방법, 효과적으로 책을 읽는 방법, 집중하여 교수님의 말을 듣고 효율적으로 메모하는 것 등을 발표할 것이다.
발표는 두렵지만 계속 연습을 하다 보니 점점 좋아지고 있다.

도서관 앞 의자에 앉아 있는 왕환과 왕환 친구들, 샌드위치를 먹으면서 이야기를 나누고 있다.

왕환   기말시험이 얼마 남지 않았어. 이번 학기에 장학금을 받아야 하는데 걱정이다.

왕환 친구1   우리 이번엔 모두 장학금을 받을 수 있게 열심히 공부하자.

왕환 친구2   난 전공 과목이 걱정이야. B학점을 받기라도 하면 좋겠어.

왕환   아직 시험도 안 봤는데 벌써 그런 소리를 하면 되냐? 시간이 있으니까 계획을 짜서 공부를 하자.

왕환 친구2   나는 갈수록 한국 유학 생활이 힘들어. 공부는 더 힘들고.

왕환   지난번 내가 쓴 거 봤지? 각자 맞는 방법으로 공부를 하면 돼. 우리 유학생뿐만 아니라 한국 학생들도 대학 생활은 힘들대.

왕환 친구1   왕환이 아주 어른이 된 것 같은데. 우리들에게 조언을 해주고 말이야.

왕환   그래도 우리는 같이 있으니까 외롭지 않지. 나랑 같이 수업 듣는 일본인 학생은 혼자라서 너무 외롭대.

왕환 친구2   그건 맞아, 우린 서로 의지하면서 사니까 덜 힘들지.

왕환   시험 준비하기 전에 우리 맛있는 거 먹고 시작하자. 내가 은행에 가서 돈 좀 찾아올게.

왕환 친구2   그래? 난 훠궈 먹고 싶어.

왕환 친구1   훠궈? 좋지, 훠궈 먹자.

왕환   그래, 좋아. 나가서 우리 고향 음식 먹고 기운 내서 공부하자.

왕환과 친구1.2. 앞으로 한국 학생이 손을 흔들며 다가온다.

한국 학생   어! 도서관에는 안 들어가고 뭐하고 있어? 시험 준비는 다 한 거야?

왕환   아직, 시험 준비는 시작 안 했지만 도서관 앞에만 있어도 맘이 편해지거든. 하하

한국 학생   시험 끝나면 바로 동아리 축제야, 연습 많이 해야 해. 알고 있지?

왕환 친구1   물론. 이번에 우리 동아리 실력 보여 줘야지.

한국 학생   맞아, 하지만! 시험 준비부터, 나, 간다~ 시험 잘 보기 바란다.

왕환   우리 밥 먹으러 갈 건데, 같이 가자.

왕환 친구1   그래 같이 가자, 배 엄청 고프다. 우리 고향 음식 훠궈 알지? 그거 진짜 맛있다!

한국 학생   아니, 다음에, 맛있는 음식 많이 먹고 힘내기 바라!

왕환   고마워!

왕환과 왕환 친구1.2는 서로 어깨동무를 하고 정문 쪽으로 내려간다.

✅ 어휘 연습하기

1. 다음 〈보기〉에서 알맞은 단어를 찾아 쓰십시오.

> 보기   전략, 조언, 막, 계획

1) 누군가와 싸울 때도 (   )이/가 필요하지만 공부할 때는 더욱 필요합니다.
2) 기말 고사를 잘 보기 위해 (   )을/를 짜서 공부를 시작했어.
3) 가: (   ) 나가려던 참이었어.
　나: 그래, 못 만날 뻔했네.
4) 선배님들의 (   ) 덕분에 유학 생활이 어렵지 않다.

✅ 문장 만들기

어휘	의미
외롭다	

▶ 문장 만들기:

어휘	의미
나누다	

▶ 문장 만들기:

어휘	의미
의지하다	

▶ 문장 만들기:

어휘	의미
기운 나다/ 기운 내다	

▶ 문장 만들기:

어휘	의미
짜다	

▶ 문장 만들기: 예 여행 계획을 짜고 나니까 빨리 떠나고 싶다.

V/A-기라도 하면 좋겠다. N-(이)기라도 하면 좋겠다.

■ 의미

말하는 사람이 실현 가능성이 낮은 일이지만 최소한 그 일이라도 되기를 소망할 때 사용한다. '-(으)면 좋겠다.', '만약에-(ㄴ/는)다면 좋겠다.'의 뜻이다.

※ 가능성이 높은 일에는 사용할 수 없다.

'좋겠다.' 이외에 'V/A-기라도 하면 얼마나 좋을까?'등의 긍정적인 소망표현이 사용되기도 한다.

¶ 뭐든지 먹기라도 하면 좋겠어. 아무것도 못 먹고 있거든.

¶ 30분이라도 자면 좋겠어. 요즘은 잠이 오지를 않아서 걱정이야.

¶ 오늘 안에 과제를 끝내기라도 하면 얼마나 좋을까?

V/A-기를 바라다

■ 의미

말하는 사람의 소망을 표현할 때 사용한다. 공식적인 인사표현(공식적인 편지), 안내문에 쓰이는 표현이다. -(으)세요'보다 부드럽게 명령하는 표현으로 공식적인 표현이다. 공적인 자리에서 완곡한 명령의 의미로 쓰이기도 한다.

※ 기(를) 바라다'는 동사하고 결합하는 것이 일반적이나 '행복하다, 건강하다' 등의

표현과 함께 결합이 가능하다.

격식체의 경우 '바랍니다', 비격식체의 경우 '바라요'를 사용한다.

일상 회화에서 '바래요'라고 잘못 쓰이는 경우가 많다.

¶ 좋은 결과가 있기를 바라요.

¶ 행복하기를 바랍니다.

¶ 이곳에서는 사진을 찍지 말기를 바랍니다.

✅ 말하기 연습하기

💬 'V/A-기라도 하면 좋겠다. N-(이)기라도 하면 좋겠다.'를 사용하여 대화를 만들어 봅시다.

> 1. 가: 방학이 되면 고향에 갈 거야?
>   나: 글쎄요, _____.
> 2. 가: 축제 때 우리 동아리에서 돈 좀 벌었나?
>   나: 아휴, _____.
> 3. 가: 요즘 기분이 좋아 보여. 남자 친구가 생겼니?
>   나: 뭐? _____.
> 4. 가: 목요일까지 중간 보고서를 제출할 수 있어?
>   나: 어렵겠어. _____.
> 5. 가: 이제는 전공 공부가 좀 쉬워졌지? A학점 받을 거 같아?
>   나: A학점? _____.
> 6. 가: 아르바이트 구했어? 난 아직 못 구했어. 등록금 때문에 걱정이야.
>   나: 나도 아직… _____.

💬 'V/A-기를 바라다.'를 사용하여 적절한 대화를 만들어 봅시다.

> 1. 교수님, 저는 이번 방학에 고향에 갑니다.
>   _____.
>
> 2. 아르바이트를 하고 싶은데요.
>   _____.
>
> 3. 율리아 : 수술을 했어요.
>   _____.
>
> 4. 김민수: 다음 달에 결혼을 합니다.
>   _____.
>
> 5. 올해는 장학금을 받는 것을 목표로 세웠습니다.
>   _____.
>
> 6. 제가 어떻게 해 주기를 바랍니까?
>   _____.

✔ 생각해 보기

💬 여러분이 친구들, 혹은 가족들에게 '행복하기를 바랍니다.'라고 말할 때 여러분이 생각하는 '행복'은 무엇인지 말해 봅시다.

> 누군가 여러분에게 "당신은 당신의 삶이 행복하기를 바랍니까? 아니면 불행하기를 바랍니까?"라고 묻는다면 여러분은 당연히 "행복하기를 바랍니다."라고 답할 것이다. 그런데 그가 다시 묻는다. "그러면 행복은 무엇일까요?" 여러분은 어떤 대답을 하겠습니까? 여러분이 생각하는 '행복'과 세상 모든 사람들이 생각하는 '행복'에는 어떤 차이가 있을까요? 무엇이 다르고 무엇이 같을까요?
>
> 유원기.이창우(2016), 〈아리스토텔레스 최선의 삶이 곧 행복이다〉, 21세기북스 중에서

제가 생각하는 행복은

한국 유학 생활

힘들지만 보람이 있다.

장학금도 받고

토픽 4급 자격증도 생기고

그리고

여자 친구까지…

만약 휘엔을
다시 만난다면
멋지게 말하고 싶다

[학습목표]

1. 가정을 나타내는 표현을 활용하여 말할 수 있다.

2. 성별 역할에 대해 토론할 수 있다.

상황

　　휘엔과 사귄지 벌써 3개월이 되었다. 휘엔을 만날 때마다 내가 돈을 냈다. 나는 괜찮다고 생각하는데 휘엔은 부담이 된다고 말했다. 우리는 모두 학생이고 학비와 생활비가 넉넉하지 않다. 그래서 아르바이트를 하고 있는데 나만 돈을 내니까 만나는 것이 고민된다고 했다.

　　사실 우리 중국에서는 여자와 남자가 만나면 대부분 남자가 돈을 낸다. 물론 베트남도 그런 경우가 많다고 한다. 하지만 휘엔은 우리가 지금 유학생이기 때문에 돈을 절약해서 써야 한다고 잔소리를 한다. 그래서 데이트 통장을 만들자고 한다. 데이트 통장은 함께 돈을 넣고 같이 사용하는 것이다. 내가 반, 휘엔 반.

　　사실 이 방법은 좋지 않다고 생각한다. 하지만 휘엔의 생각은 다르다.

　　다시 생각을 한 후에 데이트 통장에 대해 이야기하기로 했다.

　　기숙사 앞 테라스, 왕환은 테라스에 앉아 지나가는 학생들을 한 명씩 유심히 본다.
　　왕환의 친구1.2가 왕환의 등 뒤에서 왕환이 하는 행동을 보고 있다.

　　왕환　　(혼잣말로) 날씨 좋다!
　　왕환 친구1　　데이트하기 좋은 날씨네, 하하.

왕환	아이쿠, 깜짝이야.
왕환 친구2	뭐가 깜짝이야. 뭐 하고 있냐?
왕환	날씨가 너무 좋아서 해바라기하고 있다.
왕환 친구2	시험도 잘 보고 이제 방학을 즐기기만 하면 되네.
왕환	아직 결과가 나오지 않았는데 뭘.
왕환 친구1	뭐 이번에도 장학금이지. 모두 A학점 받으면 한턱내.
왕환	한턱내지 뭐, 하하하
왕환 친구1	우리는 춤 연습하러 동아리방에 간다. 왕환, 너는 나중에 올 거지?
왕환	저녁 먹고 갈게. 늦지 않을 거야.
왕환 친구2	좋겠어, 즐거운 시간 보내길 바라.

왕환 친구1.2가 떠나고 왕환은 하늘을 향해 깊은 숨을 내쉬고 생각에 잠긴다.

왕환	(마음속 생각) 그때 그 시간으로 돌아간다면, 휘엔을 처음 만나던 날로 다시 간다면….

왕환의 상상속의 시간. 교양 강의동 엘리베이터 앞

왕환	안녕하세요? 의사소통 수업 들으세요?
휘엔	네.
왕환	저는 중국 유학생 왕환이라고 합니다. 잘 부탁드릴게요.
휘엔	아… 저는 베트남 유학생 휘엔이라고 해요. 저도 잘 부탁드릴게요.
왕환	저는 한국말을 잘 못하지만 열심히 할 거예요. 우리 열심히 합시다.
휘엔	그래요. (웃고)
왕환	엘리베이터가 왔네요. 자, 먼저 타세요. 우리 강의실은 5층입니다.

왕환과 휘엔은 함께 엘리베이터를 타는데 왕환의 얼굴은 자신감에 차 있다.

다시 현재의 시간. 기숙사 정문에서 긴 머리를 날리며 걸어오는 휘엔을 본다.
왕환, 휘엔을 보자 활짝 웃으며 손을 크게 흔든다.

왕환	휘엔, 여기!

✔ 어휘 연습하기

1. 다음 〈보기〉에서 알맞은 단어를 찾아 쓰십시오.

> 보기 자신감, 근거, 규범, 부담

1) 기말 고사에서 나쁜 성적을 받아 (   )이/가 떨어졌어.
2) 이번 학기는 아르바이를 많이 해서 생활비 (   )이/가 없다.
3) 토론을 할 때는 자신의 주장에 대해 (   )이/가 충분해야 한다.
4) 기숙사에서 살면 (   )을/를 반드시 지켜야 한다.

✔ 문장 만들기

어휘	의미
쾌적하다	
▶ 문장 만들기:	
익히다	
▶ 문장 만들기:	
내쉬다	
▶ 문장 만들기:	
잠기다	
▶ 문장 만들기:	
날리다	

▶ 문장 만들기: 예 바람에 날리는 꽃잎이 비처럼 떨어졌다.

V/A-ㄴ/는다면

■ 의미

앞의 내용은 가상적인 상황에 대한 가정을 나타낸다.

불확실하거나 실현 가능성이 낮은 상황, 또는 상황에 대한 가정을 표현할 때 사용한다.

※ 과거의 상황을 가정할 때는 '-았/었다면'를 사용한다.

¶ 그 시간으로 돌아간다면 나는 확실하게 말할 것이다.

¶ 남자로 태어났다면 해병대에 지원했을 것이다.

¶ 복권에 당첨된다면 고아원을 지을 것이다.

V/A-(으)면

■ 의미

앞의 내용은 어떠한 상황에 대한 가정을 나타낸다.

상황은 사실적인 것과 가상적인 것의 두 가지로 나누어진다.

※ 1) 사실적 상황: 확실하거나 실현 가능성이 높은 상황을 가정할 때 사용한다.

　　일반적인 사실, 일상적이고 반복적인 사건, 자연적인 법칙 등을 가정한다.

　　'만약에', '만일에'와 같이 쓸 수 없다.

　2) 가상적 상황: 불확실하거나 실현 가능성이 낮은 상황을 가정할 때 사용한다.

　　'만약에', '만일에'와 같이 쓸 수 있다.

¶ 만일에 여름에 눈이 오면 정말 이상할 것이다.

¶ 영양제를 먹으면 몸이 건강해질 것이다.

¶ 만약에 1,000만 원이 있으면 해외여행을 갈 것이다.

● 다음 질문에 대답하십시오.

1. 외계인을 만난다면

2. 하늘을 나는 자동차가 생기면

3. 내가 5개 나라의 언어를 잘하면

4. 한국의 여름에 눈이 온다면

5. 내가 초능력이 있다면

6. 구름 위에 집을 지을 수 있다면

✅ 생각해 보기

💬 다음 글을 읽고 '다시 태어난다면' 어떤 성별을 택할 것인지 말해 봅시다.

> 1) 어떤 성을 택했습니까?
> 2) 왜 그 성을 택했습니까?
> 3) 무엇을 하고 싶습니까?

아르바이트 전문 사이트에서 대학생 1096명을 대상으로 다음 생에 태어나다면 어떤 성별을 택할 것인가에 대한 조사를 실시하였다. 그 결과를 보면 대학교 재학 중인 남학생 56% 이상이 "다음 생이 있어 다시 대한민국에 태어난다면 여자로 태어나고 싶다"고 답한 것으로 나타났다. 여학생의 39.9%가 '남자로 사는 것이 여자로 사는 것보다는 훨씬 편한 것 같다'고 응답했으며, 남학생은 이보다 많은 53.4%가 '여자로 사는 것이 남자로 사는 것보다 훨씬 편한 것 같다'고 응답했다. '이성의 삶이 지금의 성으로 사는 것보다 불편하거나 힘들 것 같다'고 응답한 남학생은 20.3%, 여학생은 21.9%에 그쳤다. 반면 '대한민국에서 살 때 성별은 상관없다'고 응답한 남녀는 각각 26.3%, 38.2%이다.

저는 다시 태어난다면 여자(남자)로 태어나고 싶습니다. 왜냐하면

어휘 목록

ㅂ

ㅁ

ㅅ